中国近代新闻学名著系列丛书

芮必峰 ◎ 主编

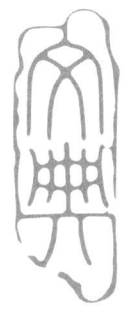

新闻事业

—— 徐宝璜 胡愈之 ◎ 著 ——

中国传媒大学 出版社
·北 京·

出版说明

本丛书整理再版了近代在中国用中文出版的经典新闻学著作，所涉及的图书既有专著、教材，也有译著，全面涵盖了新闻学理论、新闻业务、新闻史等领域，成书年份前后跨越40年。在这40年间，中国的新闻学科从无到有、从借鉴到创新，成就巨大。对这些著作的再次出版，为研究中国近代新闻学提供了珍贵的史料，绘制了中国近代新闻学的全景，度量了中国近代新闻学的厚度，填补了该领域空白，也为纪念中国新闻学诞生100周年献上了一份厚礼。

我们请中国人民大学新闻学院教授、博士生导师，广西大学新闻传播学院院长，教育部社会科学委员会委员兼新闻传播学科召集人郑保卫，及中国传媒大学传播研究院院长、教授、博士生导师，中央实施马克思主义理论研究和建设工程新闻学首席专家雷跃捷对本丛书的内容进行了审定，并根据专家的意见进行了修改。在此对两位专家所付出的辛勤劳动表示衷心感谢。

由于历史原因，本丛书中的个别图书存在一些问题，为保存历史原貌，为研究者提供一手的参考资料，影印时均基本保持其原貌，未作大的删改，希望读者结合当时的历史条件和历史环境，对其中的观点进行批判性借鉴。原书中存在一些错别字、漏字和排版错误，我们在影印时均未做改动，敬请读者注意。

由于原书出版年代久远，本丛书中的许多书籍难觅其踪，存世数量稀少，版权状况极其复杂。为了保证本丛书的学术性和完整性，我们将具有价值的图书先行选入其中，进行了抢救性发掘，力图保存中国新闻史珍贵的历史资料。版权所有人若有异议，请及时与我们联系。

为更好地体现中国近代新闻学的发展脉络，本丛书特别收录了欧美学者休曼的《实用新闻学》、斯蒂德的《新闻学的理论与实际》；日本学者松本君平的《新闻学》、后藤武男的《新闻纸研究》、杉村广太郎的《新闻概论》。当年这些书的出版对中国近代新闻学具有一定的借鉴意义。

本丛书为影印制作，成书清晰度由原书决定，由于出版年代久远，受当时生产力水平及制作方法限制，难免会存在一些缺陷，敬请读者谅解。

中国传媒大学出版社

总　序

如果从1903年商务印书馆编译出版日本人松本君平的《新闻学》算起，中国的新闻学已有115年历史①。如果从1918年北大新闻研究会建立，徐宝璜开办新闻学讲座算起，中国新闻学教育和研究迄今正好100年历史。我们搜集整理了清末至民国期间一些有代表性的新闻学书籍，希望借此重现早期中国近代新闻学的本来面貌，反映我国新闻学发展的历史脉络，我们认为，这对中国新闻学术、教育史研究以及中国近现代思想史研究都是很有意义的。

从1903年到1949年9月的40多年间，我国公开出版和内部印行的新闻学书籍，包括专著、教材、论文集、资料汇编、参考工具书等，约468种之多。②它们集中反映了我国新闻学的历史发展轨迹。然而，由于多种原因，这些书籍除了几本曾被重印出版外，大多已经是“只闻其名、难觅其踪”，这对我国新闻学研究不能不说是一个遗憾。

本丛书在梳理1903—1949年间出版的有代表性的新闻学书籍的基础上，精选了50部著作，校订注释，编纂再版，也算对这一遗憾的弥补。

从我们挑选的这50部新闻学书籍来看，中国早期新闻学的发展有三个鲜明的特点：

一、中国早期新闻学的发展与中国社会发展，尤其与国家民族利益息息相关

40多年间，中国新闻学从近乎空白到勃然而兴，这与中国社会的动荡、变

① 黄天鹏回顾新闻运动时说：“有清光绪二十八年，商务印书馆刊行《新闻学》一书，为我国人知有新闻学之始，原书为日人松本君平所著……”资料来源：黄天鹏．新闻运动之回顾［A］．黄天鹏．新闻学名论集［C］．上海：上海联合书店，1929．

② 林德海，等．中国新闻学书目大全1903—1987［M］．北京：新华出版社，1989．

革休戚相关。西方新闻学是现代化的产物，最早形成于19世纪末20世纪初。1901年，“新闻学”一词首见于中文报章[①]，但直到民国前夕，国人对于“新闻有学乎”尚存疑，认为报社就是新闻人才的“养成所”。至1912年上海报业俱进会以“吾国报业之不发达……其最大原因，则为无专门之人才”[②]为由，号召组织报业学堂，培养报业专门人才。不难看出，此时新闻界亦将新闻学视为办报之“技”。至1918年邵飘萍为徐宝璜《新闻学》作序仍“窃叹我国新闻界人才之寥落，良由无人以新闻为一学科而研究之者”[③]。黄天鹏把1903年至1918年新闻学研究会建立之前的十余年视为中国新闻学的启蒙期。[④]

1918年，随着以启蒙为目标的新文化运动愈演愈烈，新思潮涌入国门，“新学”“西学”站在旧传统的对立面被学界关注，新闻学思想也不例外。作为公学之首和新文化运动中心的北京大学率先开办新闻学研究会，力证了“新闻学”存在的正当性；徐宝璜《新闻学》一书问世，成为中国新闻学理论的奠基之作。新闻学教育兴起，新闻学研究著作渐盛，待到北伐前夕，中国新闻学从学理上和实践上俱已建立起来。

新文化运动后期，马克思主义传入中国，资本主义文明逐渐“祛魅”。之后的大萧条使得西方国家的痼疾暴露无遗，曾经“理想之彼方”的西方报业也难以幸免。在这一时代背景下，如何建立“吾国之报业”成为新闻学研究的热点，围绕这一热点，一方面，关于中外新闻理论、新闻事业、新闻业务的著作日益涌现；另一方面，军阀对于激进言论的暴力摧残，又引发了新闻人对于言论自由的论争。20世纪20年代的中国新闻学呈现百家争鸣之势。

“在这言论自由纷争之际，也有若干论调，认为新闻纸不过是一种政治宣传的工具，在新闻学方面也唱过所谓社会主义的新闻理论，不过这种论调没有完成，当头的国难已把这种理论粉碎。”[⑤]“九一八”事变后，面对空前的民族危机，“国家至上、民族至上”成为国论，报业成为勾连与动员社会的渠道和网络，

---

① 梁启超．本馆第一百册祝辞并论报馆之责任及本馆之经历［J］．清议报，1901（100）：1–8．

② 戈公振．中国报学史［M］．上海：上海书店，1989：278．

③ 徐宝璜．新闻学［M］．长春：时代文艺出版社，2009：7．

④ 黄天鹏．四十年来中国新闻学之演进［M］//龙伟，任羽中，王晓安，何林，吴浩．民国新闻教育史料选辑．北京：北京大学出版社，2010：149．（以下征引本书时，一律简注为《民国新闻教育史料选辑》。）黄天鹏在此文中提出他对于1903年到战事结束的40余年间中国新闻学发展阶段的划分，原载《中国新闻学会年刊》第1期，1942年9月。

⑤ 黄天鹏．四十年来中国新闻学之演进［M］//民国新闻教育史料选辑．北京：北京大学出版社，2010：161．

致力于推动“舆论统一”。直到全面抗战中期之前，以战争宣传动员为主要研究目标的“战时新闻学”都是新闻学研究的热点。

1943—1949年中华人民共和国成立前夕，随着战争形势的转变，抗日战争已现胜利的曙光，中国新闻学人开始构想新闻业的未来。萨空了[①]于1943年开始着手书写《科学的新闻学概论》，旨在提醒新闻人应“鉴于美英的前车”[②]，避免报纸“为大财阀资本家所独占”[③]，“积极地设法使报纸成为大多数民众自己的相互报道消息、提供意见的工具”[④]。

二、中国新闻学是“西学东渐”的产物，中国早期新闻学人大多具备西学背景

“西学东渐”的内在精神是中体西用。在“用”的招牌下，西学大量涌入。中国新闻学直接引自日本和美国。首先，中国最早的新闻学译著分别为1903年商务印书馆编辑出版的松本君平的《新闻学》和1913年美国记者休曼著、史青编译的《实用新闻学》。前者成为中国新闻学的开端，而后者作为美国第一本新闻教育著作，“提供采访编辑各种实际问题的解决方案”[⑤]，也奠定了中国新闻人对于新闻教育之作用的基本构想。

早期中国新闻学人大多具备留美留日的求学背景。徐宝璜曾于美国密歇根大学修习经济学与新闻学，其《新闻学》（1919）的参考文献包括在美国出版的图书23种、在英国出版的图书7种，印证了时任北大校长蔡元培所言，“新闻学之取资，以美为最便矣”[⑥]。任白涛求学日本早稻田大学政治经济学系时，加入了《朝日新闻》名记者杉村楚人冠等筹建的“大日本新闻学会”[⑦]，《应用新闻学》

① 萨空了（1907—1988）四川成都人，蒙古族，笔名了了、艾秋飚，记者、主编、新闻学家。1927年任《北京晚报》《世界日报》编辑记者、《世界画报》总编辑。曾任教民国学院新闻系、北京新闻专科学校。1935年任上海《立报》副刊主编、总编辑兼经理。中华人民共和国成立后任中央人民政府新闻总署副署长兼新闻摄影局局长、出版总署副署长、全国政协副秘书长兼《人民政协报》总编辑等职。负责主编《中国大百科全书·新闻出版》卷，著有《科学的新闻学概论》《科学的艺术概论》《宣传心理研究》等。

② 萨空了. 科学的新闻学概论［M］. 香港：文化供应社，1946：36.

③ 萨空了. 科学的新闻学概论［M］. 香港：文化供应社，1946：36.

④ 萨空了. 科学的新闻学概论［M］. 香港：文化供应社，1946：36.

⑤ 黄天鹏. 四十年来中国新闻学之演进［M］//龙伟，任羽中，王晓安，何林，吴浩. 民国新闻教育史料选辑，北京：北京大学出版社，2010：157.

⑥ 邓绍根. 中国新闻学的筚路蓝缕：北京大学新闻学研究会［M］. 北京：清华大学出版社，2015：228.

⑦ 1915年《朝日新闻》的杉村楚人冠等在庆应义塾大学创办“新闻研究会”并讲授课程，后根据该讲义出版了《最近新闻纸学》（1918）。其时，杉村楚人冠还兼任“大日本新闻学会”的筹建者与学会新闻讲座讲师。

（1922）正是仿照杉村楚人冠《最近新闻纸学》一书体例所做。[①]邵飘萍的《实际应用新闻学》（1923）亦参考了《最近新闻纸学》。[②]杉村楚人冠深受美、德新闻思想熏陶，美、日、德的新闻思想因故才传到中国。

事实上，正是留美、留日学生群体的新闻学著述构建起了中国早期新闻学的基本框架。仅本丛书所涉国内著（编）者30人中，剔除资料不详者3人，有留学经历者共计15人。其中留美5人：徐宝璜、伍超、赵敏恒[③]、戈公振[④]、曹用先[⑤]；留日8人：吴定九[⑥]、邵飘萍、黄天鹏、任白涛、张友渔[⑦]、谢六逸、袁殊[⑧]、王文萱[⑨]；

---

① 周光明．近代新闻史论稿［M］．北京：社会科学文献出版社，2014：276．

② 方晓红．中国新闻简史［M］．南京：南京师范大学出版社，1996：122．

③ 赵敏恒（1904—1961），记者、新闻学教授。早年就读于清华大学，1923年起先后于美国科罗拉多大学文学院、密苏里大学新闻学院、哥伦比亚大学新闻学院攻读英国文学和新闻学，并获新闻学硕士学位。1925年起在纽约环球通讯社当编辑。1927年回国，在国民政府外交部情报处短暂工作后加入路透社。1945年10月任《新闻报》总编，兼任复旦大学新闻学教授。

④ 留学两个及两个以上国家的，按其留学的第一个国家计。

⑤ 曹用先，女，宁波人，天津南开大学社会科毕业。1926年与未婚夫查良鉴自南开大学毕业后，同赴密歇根大学留学，1930年在该校安娜堡完婚。硕士毕业后回国，曾就职于上海商务印书馆编辑所并任教于大夏大学，1949年与查赴台，1951年4月病逝于台湾。

⑥ 吴定九（1890—1930），名鼎，字定九，嘉定人。著名报人，《京报》元勋之一，著有《新闻事业经营法》。公派赴日本名古屋学习土木工程时，与在东京政法学校读书的邵飘萍成为密友。1923年9月，私立北京平民大学设立报学系，时任京报社经理的吴定九担任教授并讲授专业课程“新闻经营法”。

⑦ 张友渔（1898—1992），原名张象鼎，字友彝，又名张忧虞，山西灵石人。法学家、政治学家、新闻学家。先后求学于山西第一师范学校，国立北平法政大学法律系。1927年任《国民晚报》社长兼总编辑。同年加入中国共产党，任中共北平市委委员兼秘书长。1930年赴日留学。“九一八”事变后回国任《世界日报》主笔及燕京大学、中国大学、民国大学、中法大学、北平大学法商学院教授，讲授宪法学、劳动法学、新闻学和日本问题。1943年起在重庆任中共南方局文委秘书长、《新华日报》社论委员会委员、中共重庆工作委员会候补委员兼政策研究室副主任、《新华日报》代总编辑等职。

⑧ 袁殊（1911—1987），中共谍报人员、记者、新闻学者。早年赴日攻读新闻学、东洋史。曾创办上海自修大学并设新闻专科。1931年3月创办的《文艺新闻》，最早揭露了左联五烈士被害的消息。1932年任新声通讯社记者，经潘汉年引介加入共产党。1942年卧底敌伪报纸《新中国报》，1945年10月转移到苏北解放区；1949年调入中央情报部门。著《记者道》《学校新闻讲话》《新闻大王赫斯特》等书；译《新闻法制论》等。

⑨ 王文萱，曾留学日本，1930年5月翻译杉村广太郎的《新闻概论》。1942年国立社会教育学院新闻系成立，王文萱在该系教授新闻业务课程。1947年年初，李宗仁授意萧一山在北平创办《经世日报》作为喉舌，任命王文萱、蓝文澄两位教授为主笔。

旅欧2人为胡愈之和储玉坤[①]（详情见表）。这些涉足新闻学研究的归国留学生兼容并蓄，汲取美、日、德等国新闻理论和马克思主义新闻思想的精华，进行本土化改良，亦从侧面反映出中国新闻学的理论来源。

三、中国早期新闻学人往往兼新闻实践、新闻教育、新闻研究于一身

1918年，北京大学新闻学研究会成立，徐宝璜负责讲授新闻学知识。他结合自身从业经验，参考欧美新闻学书目，形成课程讲义；再结合讲课心得，不断完善新闻学理论。1919年，国人自撰的第一本新闻学专著《新闻学》最终成书。徐在自序中细陈写书修书之过程："新闻学乃近世青年学问之一种，尚在发育时期。余对于斯学，虽曾稍事涉猎，然并无系统之研究。客岁蔡校长设立新闻学研究会，命余主任其事，并兼任导师。余乃于暑假中，正式加以研究，就所得著《新闻学大意》一篇，以为开会后讲演之用。……开会后，余继续研究，加以会员之质疑问难，时有心得，遂将原稿加以修改，成第二次之稿……"[②]显然，"曾稍事涉猎"指其曾经担任《晨报》主笔的工作经历。早期中国新闻学人兼具从业经验和新闻学教学经验者多会总结实践经验、丰富新闻理论、著书立说、传道授业，这种情况并不鲜见。

从早期新闻学著作的作者（编者）身份来看：本丛书涉及国内著（编）者30人，除李公凡、刘元钊和鲁风三人身份不详，仅蒋国珍[③]、项士元[④]二人没有明确的新闻从业经验。而在这25人中，更有20人兼具从业经历与从教经历。新闻学人大多具有新闻从业经历，学术研究、传承活动与新闻实践密不可分（详

① 储玉坤，1912年生，江苏宜兴人，笔名雨君、储华。1937年中央政治学校大学部新闻学及国际政治专业毕业。1938年1月任《文汇报》编辑兼社论撰述者；1938年5月担任《文汇报》法国哈瓦斯分社编辑；抗战胜利后，任《文汇报》总主笔。1946年5月转任《申报》主笔和法国新闻社远东分社中文部主任，兼任中国新闻专科学校教务长和沪江大学新闻系教授。著有《现代新闻学概论》《第二次世界大战史》《美国经济》。

② 邓绍根，中国新闻学的筚路蓝缕［M］. 北京：清华大学出版社，2015：244.

③ 蒋国珍出生于1896年，江苏溧阳人，做过学生运动领袖、国民党党员、教育工作者、政府职员、银行经理。曾加入上海学生运动，代表上海全国各界联合会、全国学生联合会、上海各界联合会、学生联合会四团体发声。虞文俊认为其传世的《中国新闻发达史》翻译自日本人伊藤武雄的《中国新闻发达史》，即蒋国珍应为此书的译者而非著者。

④ 项士元（1887—1959），佛教居士、学者。原名元勋，号慈圆，又号石槎。浙江临海人，通日、英、德、梵、俄文，一生佛学著作等身。25岁毕业于杭州府中学堂，后办私立小学和赤城初级师范，兼任各校教师；捐资并赠书创办了临海图书馆。项士元长期辗转江浙等地从事教育、新闻和史志方面的研究工作。中华人民共和国成立后主持台州文管会，任浙江省文史馆馆员。所著《浙江新闻史》是中国最早的新闻史之一。

见表1[①])。

从新闻学著作本身来看，许多民国新闻学书籍正是新闻实践和新闻教育的直接产物：国人自撰的第一部新闻采访学专著——《实际应用新闻学》根据邵飘萍在北京大学新闻学研究会和平民大学新闻系的讲稿所著，《新闻学总论》一书则根据邵氏国立政法大学的新闻学讲义整理而成；周孝庵[②]根据自己在复旦大学的新闻学讲义编著了《最新实验新闻学》；郭步陶[③]的《本国新闻事业》是上海市私立申报新闻函授学校讲义之十一；而《新闻学的基础知识》本就是中美日报读讯会[④]为新闻学自修者所出版的教材《实用新闻学讲义》之一；储玉坤的《现代新闻学概论》则是专门为大学新闻理论教科书而编写的（详见表2）。

正是由于早期新闻学人兼新闻实践、新闻教育、新闻研究于一身，才能为理论教学与著述提供最鲜活的案例，促使新闻实践经验迅速融入新闻学理论研究。这是近代中国新闻学迅速发展的重要因素，对于当今的新闻学研究、新闻学教育工作也有重要启示。

本丛书编委会邀请相关领域资深专家进行研讨，认真甄选了书目，仔细进行了版本比较和甄别，从而保证了本丛书较高的学术权威性。

由于历史的局限，民国新闻学书籍的不足是明显的，如学术理论不成熟、部分话语和话题打上了深深的时代烙印等；又因书中涉及的新闻稿件写作于特定历史环境和历史年代，其表达方式不严谨亦不可避免。盖所选书目皆是历史文献，我们在审校中尽量保持其历史原貌，不做大的删改；对极个别对马克思

① 李秀云. 留学生与中国新闻学［M］. 天津：南开大学出版社，2009：239-251. 本书中李秀云整理了民国期间从事新闻学研究的留学生44人，并分析其留学国别构成、专业构成、新闻实践经历、从教经历等。

② 周孝庵（1900—1973），佛教学者、律师、报人。松江府人。毕业于江苏省立第一商业学校。历任上海时事新报馆记者、编辑、主编，著《最新实验新闻学》。1928年秋被复旦大学聘为新闻学教授。曾于上海法政大学获法学学士学位，1930年兼律师。1932年主编上海《新闻报》“法律质疑”栏目、编著了《法律质疑汇编》。上海沦陷后，曾氏关闭了律师事务所，潜心佛学研究。

③ 郭步陶（1879—1962），原名成爽，后改名惜，字步陶。四川隆昌人。名记者、新闻研究者。1911—1917年任《申报》编辑，1917年任《新闻报》编辑主任、主笔。1930年任教于复旦大学新闻系。上海沦陷后赴香港，任职于《申报》（香港）、《星岛日报》；1939年创建中国新闻学院（香港）并任院长。抗战胜利后回沪任教于复旦大学、新中国学院。

④ 《中美日报》是“孤岛”时期的国民党报纸，为躲避日伪新闻检查，在美商罗斯福出版公司招牌下运作，副刊有《集纳》《堡垒》等。1938年11月创刊，1941年12月停刊，1945年8月复刊，次年4月终刊。总编先后为杨勋民、查修、詹文浒，总主笔周宪文，执笔者有储玉坤、章丹枫等。胡道静曾任英文编辑。报社读讯会为自修新闻学的读者出版了《实用新闻学讲义》，共计10种，对编辑术、采访术、评论作法、新闻写作、新闻学史、剪报工作等都有专篇论述。

主义、共产党等的不适当叙述已进行了删除处理。

本丛书规模较大，从策划项目、搜集资料、校订编纂到审稿成书，历时两年有余。这50本书可能并非本本经典，其中有些内容亦有重复、雷同之处，但瑕不掩瑜，它们对于研究中国新闻学功不可没，作为新闻史资料极具研究价值。感谢中国传媒大学出版社和安徽大学新闻传播学院诸位老师的辛勤付出，也希望读者在本丛书中能读出更丰富的内容，获得启发并更深入地思考。

丛书主编　芮必峰

2018年5月7日

附表：

表1　著者受教育、从业、从教及著述情况列表

序号	姓名	是否留学及留学国家	从业经历	从教经历	著作
1	徐宝璜	美国密歇根大学，经济学、新闻学	北京《晨报》主笔	北京大学新闻学研究会、北京平民大学新闻系	《新闻学》《新闻事业》
2	戈公振	1927年赴美国、日本考察新闻事业	首创《图画时报》、“上海新闻记者联合会”会长、《申报》总管理处设计处主任兼《申报星期画刊》主编	上海南方大学新闻系、上海国民大学新闻系、复旦大学新闻系、上海沪江大学商学院、上海民治新闻学院	《新闻学撮要》《中国报学史》《新闻学》
3	邵飘萍	东京政法学校	《汉民日报》主编、《时事新报》《申报》《时报》主笔、创办“北京新闻编译社”、《京报》社长	北京大学新闻学研究会、北京平民大学新闻系、国立法政大学	《实际应用新闻学》《新闻学总论》
4	吴定九	日本名古屋工业专门学校土木工程	主持《京报》	北京平民大学新闻系、国立法政大学	《新闻事业经营法》
5	谢六逸	日本早稻田大学东洋文学史	《立报》文艺副刊《言林》主编、《国民周刊》《趣味》周刊主编	复旦大学新闻系、申报新闻函授学校、国立社会教育学院新闻系、暨南大学新闻系、大夏大学新闻系	《实用新闻学》《国外新闻事业》《新闻储藏研究》
6	黄天鹏	日本早稻田大学新闻系硕士	在北平创刊《新闻学刊》并担任主编	复旦大学新闻系、上海沪江大学商学院新闻学科	《新闻文学概论》《中国新闻事业》《新闻学入门》《新闻学概要》
7	赵敏恒	美国科罗拉多大学文学院、密苏里大学新闻学院、哥伦比亚大学新闻学院攻读英国文学和新闻学，并获新闻学硕士学位	纽约环球通讯社编辑，后加入路透社。“九一八”事变后为美国国际新闻社、伦敦《每日电讯报》《朝日新闻》等供稿。1945年10月任《新闻报》总编辑	复旦大学新闻系、中央政治学校新闻系、暨南大学新闻系	《外人在华的新闻事业》

续表

序号	姓名	是否留学及留学国家	从业经历	从教经历	著作
8	周孝庵	无	历任上海时事新报馆记者、编辑、主编；主编《上海新闻报》“法律质疑”栏目	复旦大学新闻系、新闻大学函授科	《最新实验新闻学》
9	张友渔	1930年、1932年、1935年多次赴日学习新闻学、考察日本新闻事业	《世界日报》编辑、《大同晚报》总编辑、《国民晚报》社长、《泰晤士报》总编辑、《新华日报》社论委员	燕京大学新闻系、北平民国学院新闻系	《新闻之理论与现象》《日本新闻发达史》
10	袁殊	日本新闻专科学校、早稻田大学历史系	创办《文艺新闻》《译报》、新声通讯社记者	上海自修大学新闻专科	《记者道》《学校新闻讲话》《新闻大王赫斯特》《新闻法制论》（译）
11	胡愈之	1928年法国巴黎大学攻读国际法	《东方杂志》编辑、创办《公理日报》、哈瓦斯通讯社远东分社中文部编辑主任、主编新加坡《南洋商报》		《胡愈之出版文集》
12	储玉坤	留法	《新闻报》编辑、《文汇报》编辑、法国哈瓦斯通讯社中国分社编辑、《文汇报》总主笔、《申报》主笔、法国新闻社远东分社中文部主任	中国新闻专科学校、沪江大学新闻系、之江大学新闻系、致用大学新闻学系	《现代新闻学概论》
13	任白涛	日本早稻田大学政治经济学	创办中国新闻学社、《新湖北日报》总编辑		《应用新闻学》《综合新闻学》
14	曹用先	美国密歇根大学①	上海商务印书馆编辑所②	大夏大学③	《新闻学》

① 毛彦文．往事［M］．北京：商务印书馆，2012：28．

② 雪林．一段值得介绍的婚姻（红藏·生活·第四卷第三十八期）［M］．湘潭：湘潭大学出版社，2014：435–437．

③ 毛彦文．往事［M］．北京：商务印书馆，2012：28．

续表

序号	姓名	是否留学及留学国家	从业经历	从教经历	著作
15	王文萱	留日①	《经世日报》②	国立社会教育学院新闻系③	《新闻概论》（译）
16	伍超	留美“攻读新闻科”④			《新闻学大纲》
17	郭步陶	无	《申报》编辑、《新闻报》编辑主任兼主笔、《申报》（香港）、《星岛日报》编辑	复旦大学新闻系、《申报》新闻函授学校、中国新闻学院（香港）、新中国学院	《本国新闻事业》
18	任毕明⑤	无	《民国日报》《时报》《快报》主笔、《大众日报》总编辑	香港中华新闻学院	《战时新闻学》《评论学十讲》
19	赵君豪⑥	无	《申报》副总编辑	上海商学院新闻专修科、复旦大学新闻系、上海法政学院新闻专修科	《中国近代之报业》《上海报人的奋斗》

① 杉村广太郎. 新闻概论·黄序［M］. 王文萱，译. 上海：联合书店，1930.

② 冯国定. 忆萧一山先生［M］//中国人民政治协商会议北京市委员会文史资料研究委员会文史资料选编（第43辑），北京：北京出版社，1992：104.

③ 苏州大学社会教育学院. 峥嵘岁月（第三集）［M］. 北京、上海、南京、苏州校会. 1991：229.

④ 伍超. 新闻学大纲·自序［M］. 上海：商务印书馆，1925.

⑤ 任毕明，原名任大任，生于1904年，广东鹤山人。1925年在广西梧州创办《民国日报》，曾任《时报》《快报》主笔，主持过香港的《大众日报》。参与创办香港中华新闻学院，并任教。著作有《龙虎集》《风云集》《社会大学》《新社会大学》《战时新闻学》和《评论学十讲》等。

⑥ 赵君豪（1900—？）江苏兴化人。报人。“五四时期”求学于上海交通大学，经常给著名的《民国日报》副刊《觉悟》投稿，并与时任《觉悟》编辑的邵力子讨论种种社会改造问题。毕业后进入《申报》馆工作，抗战后任《申报》副总编辑。1929、1942年两度兼任复旦大学新闻系编辑教授；1930年兼任上海法政学院新闻专修科教授，讲授采访学；曾任《申报》新闻函授学校教授。1944年10月在重庆出版《上海报人的奋斗》。

续表

序号	姓名	是否留学及留学国家	从业经历	从教经历	著作
20	杜绍文[①]	无	杭州《民国日报》国际版编辑、《东南日报》《前线日报》主笔兼《新闻战线》周刊主编、《东南日报》总编辑、《文汇报》办公室主任	复旦大学新闻系	《新闻政策》《中国报人之路》《战时报学讲话》《国际新闻纵横谈》
21	胡道静[②]	无	《万有文库》编辑、上海通志馆编修、《通报》《中美日报》《大晚报》等报记者、编辑、撰稿人	上海法政学院新闻专修科	《上海新闻事业之史的发展》
22	张静庐	无	创办上海杂志公司并出任总经理		《中国的新闻记者与新闻纸》《中国近代出版史料》《中国现代出版史料》《中国出版史料》《在出版界二十年》
23	萨空了	无	《北京晚报》编辑记者、《世界日报》画刊编辑、《世界画报》总编辑、天津《大公报》艺术半月刊主编	民国学院新闻系、北京新闻专科学校	《科学的新闻学概论》

① 杜绍文（1909—？），又名杜超彬，广东澄海人。1927年入复旦大学中文学新闻组学习，1931年留校助教。后任杭州《民国日报》国际版编辑、资料室主任、浙江《东南日报》主笔。抗战期间主编浙江战时新闻学会会刊《战时记者》月刊,《国民日报》总编辑、社长；抗战胜利后任上海《前线日报》主笔兼《新闻战线》周刊主编。1946年至1951年间任复旦大学新闻系教授，1952年任上海《文汇报》记者、编委办公室主任。著有《新闻政策》《中国报人之路》《战时报学讲话》《国际新闻纵横谈》。

② 胡道静（1913—2003），安徽泾县人。1931年毕业于上海持志大学国语系。曾参加《万有文库》编辑和上海通志馆编修工作。“孤岛”时期坚守上海新闻界抗日宣传工作，任《通报》《中美日报》《大晚报》《密勒氏评论报》记者、编辑、撰稿人，同时在上海法政学院新闻专修科讲授新闻史课程，为共产党的抗日宣传培养新闻干部。1949年后历任中华书局上海编辑所编辑、上海人民出版社编审等。

续表

序号	姓名	是否留学及留学国家	从业经历	从教经历	著作
24	管照微[①]		复旦大学校刊编辑、1931 年兼任上海新闻社记者	兰州大学经济系	编《新闻学论集》
25	项士元				
26	蒋国珍	疑为《中国新闻发达史》的译者而非著者[②]			
28	李公凡	不详			
27	鲁风	不详			
28	刘元钊	不详			

① 管照微，高中就读于上海立达学园，曾与王济深、刘仲达、唐旭之等先后组织了“时潮社”和“立达剧团”。后进入复旦大学新闻系学习，与伍梦窗、林楚君、向浦、徐之津等加入了复旦大学“左联”，并负责复旦大学的校刊编辑工作。1933年12月21日因宣传左翼思想被捕，后任教于兰州大学经济系。

② 虞文俊是东亚中国新闻史研究第一人。《中国新闻发达史》译者蒋国珍初考［J］. 新闻界，2015（15）.

表2　书目

序号	年份	书名	作者	备注
1	1903	新闻学	〔日〕松本君平 著	
2	1913	实用新闻学	〔美〕休曼著 史青译	
3	1919.12	新闻学	徐宝璜① 著	北京大学 新闻研究会讲稿
4	1922.11	应用新闻学	任白涛② 著	
5	1923.8	实际应用新闻学	邵振青 著	北京平民大学、 国立法政大学讲义
6	1924.4	新闻事业	徐宝璜 胡愈之 著	
7	1924.6	新闻学总论	邵飘萍 著	
8	1925.1	新闻学大纲	伍超 著	
9	1925.2	新闻学撮要	戈公振③ 编	
10	1927.9	中国新闻发达史	蒋国珍 著	
11	1927.11	中国报学史	戈公振 著	
12	1928.9	中国的新闻纸	张静庐 著	
13	1928.11	最新实验新闻学（上）	周孝庵 著	复旦大学新闻系
14	1928.11	最新实验新闻学（下）	周孝庵 著	复旦大学新闻系
15	1930.4	新闻事业经营法	吴定九 著	
16	1930.5	新闻概论	〔日〕杉村广太郎 著 王文萱 译	

① 徐宝璜，中国新闻学者、新闻教育家。1912年毕业于北京大学，后公费留美，于密歇根大学攻读经济学、新闻学。徐宝璜在美国密苏里大学受过系统的新闻学教育。

② 任白涛，笔名冷公、一碧，河南南阳人。1911年辛亥革命后，先后担任上海《民立报》《神州日报》《新闻报》驻河南特约通讯员，参加当地反袁活动。1916年留学日本，在早稻田大学攻读政治经济学，并加入了大日本新闻学会。

③ 戈公振所著的《中国报学史》最早由上海商务印书馆出版，是研究新闻学和我国新闻事业发展史的开山之作，国内外新闻界将之誉为中国首部新闻史学权威著作。任教上海国民大学期间，戈公振开始着手《中国报学史》一书的写作。在从事新闻工作之余，戈公振致力于新闻教育事业和新闻学研究工作，曾在上海国民大学、南方大学、大夏大学、复旦大学等校新闻系和杭州暑假报学讲习所讲授新闻学方面的课程，在新闻学研究上留下了许多著述。

续表

序号	年份	书名	作者	备注
17	1930.8	中国新闻事业（上）	黄天鹏[①] 著	
18	1930.8	中国新闻事业（下）	黄天鹏 著	
19	1930.8	新闻纸研究	〔日〕后藤武男 著 俞康德 译述	
20	1930.9	浙江新闻史（上）	项士元 编	
21	1930.9	浙江新闻史（下）	项士元 编	
22	1932.7	学校新闻讲话	袁殊 著	
23	1932.8	外人在华的新闻事业	赵敏恒 著	
24	1933.4	新闻学入门	黄天鹏 著	
25	1933.10	新闻学论集	管照微 编	复旦新闻学会丛书
26	1935	实用新闻学（上）	谢六逸[②] 编	申报新闻函授学校讲义之三
27	1935	实用新闻学（下）	谢六逸 编	申报新闻函授学校讲义之三
28	1934.1	新闻学	曹用先	
29	1934.2	新闻学概要	黄天鹏 编	复旦大学讲义、 上海沪江大学新闻学专修科
30	1935	上海新闻事业之史的发展	胡道静 著	
31	1936.5	新闻学讲话	刘元钊 编著	

① 黄天鹏，字天鹏，别号天庐。1927年1月，他创办了我国首个新闻学刊（1929年扩改为《报学月刊》）并任主编；他是我国新闻学术史上最早研究新闻学之产生及发展史的学者，是我国具有新闻学术史观的第一人。他于1923年就读于北京平民大学报学系，1929年留学日本,修业新研究所,旋入早稻田大学新闻系。归国后出版了《新闻文学概论》《中国新闻事业》《新闻学入门》《新闻学概要》等十余本新闻学专著。

② 谢六逸，中国现代新闻教育事业的奠基者之一。著名的作家、翻译家、教授。1917年以公费生身份赴日就读于早稻田大学。1922年毕业归国，入商务印书馆工作。后历任神州女校教务主任及暨南大学、复旦大学、大夏大学教授。1930年任复旦大学中文系主任，并创设了后来闻名海内外的复旦大学新闻系，任主任。

续表

序号	年份	书名	作者	备注
32	1936	本国新闻事业	郭步陶 编著	申报新闻函授学校讲义十一
33	1936.6	新闻之理论与现象	张友渔 著	
34	1936.11	记者道	袁殊 著	
35	1937.7	现代新闻学概论	储玉坤 著	国民党政府唯一指定大学新闻理论教科书
36	1938.7	战时新闻学	任毕明 著	
37	1938.9	中国近代之报业（上）	赵君豪 著	
38	1938.9	中国近代之报业（下）	赵君豪 著	
39	1938.10	基础新闻学	李公凡 著	
40	1939.7	中国报人之路	杜绍文 著	
41	1940.4	新闻学	戈公振 著	1932 年完稿，另有 1947 年版
42	1941	新闻学的基础知识（上）	中美日报读讯会 编	中美日报读讯会实用新闻学讲义
43	1941	新闻学的基础知识（下）	中美日报读讯会 编	中美日报读讯会实用新闻学讲义
44	1941.7	综合新闻学 1	任白涛 著	
45	1941.7	综合新闻学 2	任白涛 著	
46	1941.7	综合新闻学 3	任白涛 著	
47	1944.9	新闻学	鲁风 著	新中国自修学院约稿
48	1946.6	科学的新闻学概论	萨空了 著	另有 1945.3 出版的署名艾秋飚的版本
49	1946.11	新闻史上的新时代	胡道静 著	
50	1947.12	新闻学的理论与实际	〔英〕斯蒂德 著 王季深 吴饮冰 译	上海文化函授学校读本

目次

新聞學大意

徐寶璜著

第一章 發凡

一 新聞紙之根本職務

新聞紙之名詞，在英文爲 Newspaper，國人亦簡稱之曰『報紙』曰『報章』或曰『報』。內容完備之報紙，所登載者，新聞而外，尚有社論，文藝，插畫，廣告，等件。材料豐富，門類極多。其意在與各界人士，無論老幼男女，士農工商，以各自所欲讀之好材料也。然新聞紙之根本職務，爲供給新聞；有新聞而無他件，不失其爲新聞紙也；有他件而無新聞，則仍呼之爲新聞紙者，必無人也。故此書專研究新聞，首述新聞之定義，精采，價值，分類，略示，及來源，次及新聞採集，編輯，造題，及通信之方法，末述新聞紙與通信社之組織。至社論廣告等件之研究，均從略也。

二　新聞之定義

新聞者，乃大多數閱報人所注意之最近發生之事也；此定義中，有應注意者二：

(一)新聞爲最近發生之事　今日交通便利，消息靈通，凡過去稍久之事，閱報人多早已聞知，不待報紙之登載；故報紙所應供給於閱報人者，乃現時之事，世界近數日發生之事。若上月之事，上星期之事，皆舊聞也，非新聞也。報紙補登以前之事，每謂該事雖爲明日黃花，因其重要，特補登之，以備閱者之考證云云以自解，亦因此也。

(二)新聞爲大多數閱報人所注意之事　最近發生之事，非盡爲閱者所注意者也。如非其所注意之事，登之報上，自不能滿其意也。當此報紙林立之時，苟閱者不滿意，報紙之銷路必減，而其失敗，亦隨之而至矣。故報紙應登爲閱者所注意之事；否則擯諸非新聞之列也。不過此乃指大多數之閱者言之，非指全體也；因盡登閱者人人所注意之事，在事實上爲難能；只得求其次，而定新聞爲大多數閱者所注意之事焉。使閱者同爲一類之人，則盡登彼全體所注意之新聞，事甚容易；所難者，閱者人類不一，其中學生官吏，商人工人，律師醫生，男女老少，均有之；閱報時，各欲見其所注意之新聞；報紙如盡登學界之紀事，雖爲學界所歡迎，而商界必不滿意；反之全載商業之紀事，雖爲商界所歡迎，而他界又不滿意也。

新聞須爲大多數閱報人所注意之最近發生之事，既如上所述矣。故辛亥革命之事實，雖爲人人所注意，不能謂之爲新聞，因其非近事也。車夫張三，今日忽得重病，雖爲近事，亦不得謂之爲新聞，因注意張三之病者，充其量，不過張三本人，及其家族戚友。主人仇人，爲數終有限，至大多數之閱報人對之，則毫不注意也。使關係重大之馮總統，今日不幸而得重病，則全國之人，均注意之，不僅其家人戚友已也；

故其抱疾之事，爲絕好的新聞也。

三　新聞之精采

能使近事引起大多數閱者之注意，而具有新聞之價值者，果何物乎？吾人名此物曰『新聞之精采』。玆略舉數者於後：

（一）著名人物之姓名　上列黃陂潛心佛學之一段新聞，乃竊自上海時報者，各地報紙，亦有類此之記載。夫『潛心佛學』之人多矣，閱報馳馬之人，尤不計其數，今僅黃陂之事，見於各地之報紙，無非因黃陂爲國中著名之人物，其舉

> ◉黃陂潛心佛學
>
> ▲讀經不倦
>
> 黃陂自卸政肩後卽息影家園杜門謝客據其侍者云黃陂每日除閱中外報紙及馳馬運動外必手持佛經蘸香默誦日無間輟其淡泊明志不慕榮華人格之高尙世人可師之也近更遣某副官至京赴琉璃廠採購藏經多部以便瀏覽云

動無論鉅細，均爲國人所注意也。故凡著名人物之一舉一動，均爲新聞，而其姓名，則爲新聞之精采；因一提出其姓名，人人卽注意之，而其舉動，遂有新聞之價值也。

(二)事情之希奇　凡事之希奇者，雖無關重要，亦能引起大多數閱者之注意，而有新聞之價值。至其希奇之處，卽新聞之精采也。

◎死得希奇

▲荷蘭水瓶之塞頭彈入喉中

徐州北門外王某務農爲業家有妻子頗堪溫飽日前有親戚送來荷蘭水兩瓶王從未嘗過此味急欲啓瓶飲之因瓶上塞頭緊不能開乃以口咬之不料水氣湧上忽塞頭一轟直彈入喉中王立卽倒地經家人設法施救塞頭竟不能取出未幾遂入枉死城中矣一時聞之者咸謂死得希奇云

如上列死得希奇之新聞一則，曾見上海時報。夫王某爲何人？非閱者所知，亦非閱者所欲知也；至王某之死，亦如鴻毛之輕，非閱者所注意也；今其事見登於報，無非因其『死得希奇』耳。善哉某君之言曰：『狗咬人，非新聞也；人咬狗，則大新聞矣。』

(三)人命之損失　人類極注意人之死亡，故鉅數之人命損失，立能喚起閱者之注意。設有多人因遇險或火警而死，則此遇險或火警之事，即有新聞之價值，而死者之數目，即新聞之精采也。本年五月，楚材軍艦，撞沉江寬商輪，數百乘客，因此同時葬於魚腹，此鉅數之人命損失也；故全國報紙均登之於重要新聞欄內也。

(四)財產之損失　財產之損失，與人命之損失同，亦為閱者所注意之事也。故無論何事，因之而發生鉅數之財產損失者，均為新聞，而財產損失之數目，即新聞之精采也。上列土耳其之大火警之新聞一則，全球各大報均登之。夫大多數之閱者，未作君士坦

●土耳其之大火警

▲損失數千萬金之鉅

▲流離失所者有二十餘萬人

字林西報云陽歷五月三十一日君士坦丁(即土耳其京城)大火警延燒至六月二日始熄聞其火起原委由於一吸餘之紙烟失慎所致火區長有三英里左右燬屋五千餘所浴池兩所禮拜堂十餘座流離失所者有二十餘萬人災民中現

> 患紅疹流行病困苦情狀不堪言喻約計此次損失有數千萬金之鉅誠世界未有之火災也

丁之遊，對於失愼地方之所在，均漠然也；但此於事無礙，因財產損失既有數千萬金之鉅，大多數之閱者，縱素與土耳其毫無關切，對此火警，亦難免於注意；此其所以見載也。

（五）著名機關之名稱　著名機關之舉動，爲閱者所注意，與著名人物之舉動同也。故其舉動，有新聞之價值，而其名稱，則新聞之精采也。民國五年在肇慶之軍務院，民國七年在北京之安福俱樂部，均聳動一時之機關也；故當時報紙對於二機關之一舉一動，多詳載之也。

（六）動人情感之事　世間之事，能令人笑，令人悲，令人起敬者，多矣；設編輯得法，使閱者讀之，亦笑，亦哭，亦起敬，則事雖瑣微，亦有新聞之價值，而其動人情

> ●錯送阿嬌　▲何妨領謝
>
> 北京城東史家胡同內務部員張宅前夕主人外

> 出未歸忽聞剝啄聲甚厲閽者啓之見馬車載一麗人方停門外御者已下揚聲呼曰姨太太至矣閽者訝言無之則以新娶對急入奔報主母主母亦駭復念伉儷間好合無違夫也縱易初衷何至一無關白事殊奇突乃令勿延及出彼麗人已款步而入閽者倉皇叉手於門以拒之一時不知何語而可但以主人未歸辭女聞大驚玉容慘變繼則珠淚潸然引巾揾拭不已意蓋疑河東獅吼不令登堂矣久久始就原車而去主人歸聞其事亦頗異之旋聞同巷有一張姓遷來未久是夕有納妾事始各恍然彼所御馬車當係妾家權雇者不然寧不識其主人之門而錯送姨太太於比鄰耶

感之處，即其精采也。上列錯送阿嬌之新聞，曾登上海時報；其所以見登者，非因其事之重要，或其人爲閱者所悉也，不過因閱者讀之，必稍動情感，始而驚訝，終而哂笑，如張宅之主母也。

(七)關係閱者之事

人類縱對於他人之所感受者，漠不關心，而對於與己身有關係之事，則雖極微末，亦甚注意之。故無論何事，凡與閱者發生關係，必爲其所注意，而有新聞之價值；至與閱者發生關係之處，即新聞之精采也。假使北京中國交通二銀行之鈔票，有於某日一定發現之消息，則北京各報，應視爲絕好之新聞而登之，因居於北京之人，無一不注意此事也。又國內各報，登載政治之新聞，連篇累牘，亦以政治因擔負問題，治安問題，權利問題，或信仰問題，與閱者多少發生幾分之關係，而必爲其所注意也。

上之所述，尚未盡新聞之精采也；但其爲何物，當已明瞭。訪員編輯新聞時，應首先提出其精采，以引起閱者對於新聞之注意也。

四　新聞之價值

凡事如有一種精采，即具新聞之價值，固矣；但此價值，至無定者也。同一新聞，其價值隨時而異，因地而別；至新聞之間，其價值之懸殊，更難言矣。價值高者曰大新聞，低者曰小新聞；大新聞不多見也，報紙所以能逐日出版者，賴有源源不絕之小新聞耳。取二新聞而比較其價值之高低，自以注意人數之多寡爲衡；至定同一新聞之價値者，則時間與距離是也。

（一）時間　今日之事，於今日登之，則爲較有價値之新聞；遲至明日，其價値則稍減矣；再遲一日，則又減矣；蓋新聞之價値，與新聞發生距登載之時間，爲反比例；時間短，則價値高，時間長，則價値低；故訪員編輯新聞時，每於新聞之開端，提出時間，直告閱者，所紀之事，爲今日或昨日之事也。而通信員通信時，宜計算投稿寄到時，新聞之價値，變化至於何點；如已消滅，則不如不投之爲愈也。

（二）距離　吾人雖處交通便利之世，然所最注意者，大槪仍限於本地之事，及所知之人至外埠之事，及不知之人除有特別情形者外，多不注意也；蓋新聞之價値，又與新聞發生地與登載地相隔之距離，爲反比例；距離近，則價値高，距離遠，則價値低；故往往一新聞，在本埠則可登數欄，在外埠則絕無新聞之價値，不値一行也。例如某鉅紳，在南昌城內，頗負大名，城中人士，多爲伊之戚友，現與某女士結婚，城中人士，均注意之；故其事有新聞之價値，南昌報紙，可視爲大新聞，而登載之。然若某紳之名，限於南昌，而其結婚情形，又無甚希奇之處，則其結婚之事，一出南昌，即失其新聞之價値也。又黎總統爲全國著名之人物，其『潛心佛學』之事，全國報紙，均可登載；然歐美各國之報紙視之，則無新聞之價値也。又南昌某繁盛街市失火，燒去店屋十餘家，城中之人，孰不注意之；故南昌報紙，對於失火之原因，被燒之商號，及損失之數目，均可詳細調查，編爲新聞，以餉閱者；然南京，南潯等處之報紙，不能視之爲新聞也。使損失之數目，在十萬元以上，或被燒者，爲江西督軍公署，則失火事之新聞價値，又大爲增進，於是不僅南昌報紙可以登載，即他省報紙亦可也。

五　新聞之分類

自報紙言之，逐日所登之新聞，可分爲意內之新聞；與意外之新聞。所有報館預知之事，如選舉，運動會，演說會等事，均屬於意內之新聞；因何日選舉，何日開會，均事前宣布，報紙得一一記之於簿，每日開視之，即知當日有何事舉行，即派訪員，屆時親去採視；報館每日確有把握之新聞，均此類也。意外之新聞，凡忽然發生之事，如遇險，火警，水災，均屬之；因遇險等事，均突如其來，報紙不能於事前布置，待知之而派人採視時，則事已過矣。

六 新聞之略示

凡簡短告白，如某校宣佈『將於某日舉行演說會』，及含糊消息，如某君報告『聞某地失火』，均為新聞之略示；訪員可以此為基礎，繼事採集事實，而編成新聞也。

七 新聞之來源

新聞之來源，各地不同，下所述，大概言之耳。意內新聞之略示，報紙多自法庭，學校，私立團體，政府機關，各類公報等處得之；而略示背後之詳細事實，大概亦可於上列各處得之；故上列各處，均意內新聞之來源也。意外新聞之略示，多自警署，醫院，消防處，政府機關，得之；故上列各處，乃意外新聞之來源也。

第二章　新聞之採集

新聞紙所登之新聞，有爲各通信社所供給者，有自各報轉錄者，有爲通信員所投稿者，三者之外，皆新聞紙所自行採集者也。新聞紙之編輯，應立一簿，將各種預知之事，記之於上，以便每日開視之，即知本日有何事舉行，分派訪員，屆時親去採視。訪員之職務，除採集外，並應將所採集之事實，編輯出來；故訪員者，親受編輯之指揮，而採集兼編輯新聞之人也。

一　訪員之資格

訪員既身兼兩種職務，不可無相當之資格；否則難盡其職也。「相當」二字，應作下解。

（一）應具新聞之常識　訪員應能於各種事情中，認出孰爲新聞，孰非新聞，於價值中之種種事實，認出孰爲精采，孰非重要，且能判定新聞價值之大小也。

（二）須有强健之記憶力　訪員與人談話，不便立時筆記也；如是求保留所談之話，以待編輯之時，不能不賴記憶力；苟此力不強，將談話誤記或忘記談話之一部，不便莫甚；故訪員須有強健之記憶力也。

（三）書法須純熟　中國速記學，尚未昌明，訪員知速記者甚鮮；故記錄他人之演說，不能不賴筆記；苟書法純熟，筆記自易，且可助編輯之敏捷也。

（四）國文須有根底　訪員之文字，雖不必高比文豪，但探得之事實，及他人之談話，應能不費思索，用簡明有力之文字，編輯出來；因訪員往往無起草稿之餘暇也。

(五)應熟知本國及列強之政治歷史與現狀　中國新聞紙所登之新聞，屬於政治者居多；故訪員之採集，亦以政治新聞爲大宗。使熟悉本國之政治歷史與現狀也，則不僅能減少採集時爲難之處，卽編輯時，亦能源源本本，不作『外行』之語也。又吾國政治，與列強政治之關係，日見密切顯著；故訪員亦應稍知列強政治之現狀，及其最近之歷史，而對於日本之政治，尤應特別注意也。

(六)應知外國語一二種　訪員欲知列強政治之現狀，及世界他種之大事也，不能不看外國報紙；因中國報紙，記載外邦之事，多不詳盡，且欠明瞭也。欲看外國報紙，則知外國語尙矣；外國語之中，此時以日語英語爲最要；訪員如知外國語也，尙有他種之便利，不僅看報已也。

(七)此外訪員須有敏捷之覺悟力，能立時明白他人之意思，認出重要之事實。又須身體強健，能耐勞苦；因訪員之事業，乃辛苦之事業也。

二 採集之方法

新聞紙採集新聞之法有二，即日常採視與特別採視是也。新聞紙之訪員，例有其須常到之處，或爲法庭學校，或爲其他之新聞來源，由編輯按其交際或能力指定；指定之後，訪員須常到其地，採集新聞，或其略示，並盡其能力，順略示中之引線，採聽其背後及附帶之事實；惟遇事情過大，非一人所能辦理時，則報告編輯，聽其處置；此日常採視之法也。使訪員於指定地點之外，自他處得有消息，亦應照上辦理，不必以指定之地點自限也。編輯遇視爲重要及特別事故時，則採用特別採視之法，於既得略示之後，派出最有經驗之訪員，命其採聽略示背後及附帶之事實；訪員此時，與偵探無異，隨略示中所示及以後所得之引線，明訪暗查，追求復追求，至自信已得重要之事實而後止。採視之結果，或不值一行，或可登全頁；然訪員應盡全力，以明事之眞相，則一也。

三　因人之訪問與因事之訪問

使訪員探視之事，爲未來之事也，則屆時親至其地，擧目以觀，張耳以聽，採集事實，甚易易也；所難者，訪員探視之事，大半爲已過之事，事之如何經過，不能親見之也；如是訪問之法尙矣。訪問分因人訪問，與因事訪問二種。査明親見或淸楚事之經過者爲誰，並設法使伊等說出事之原委，而訪員之目的，又在求事實，此種訪問曰因事之訪問。除其所供給之事實外，所訪問之人，毫不重要；故雖因此事，訪員曾見十餘人，而編輯時，則不提出一人也。至因人之訪問則不然，訪員之目的，在得其人對於某事之意見，在報登布時，亦申明此爲某人之意見。至其意見之當否，則另一問題也。故訪問實包括向人探聽事實，與徵求意見而言也。

四　因人訪問之方法

因事訪問，由來久矣；至因人訪問，乃最近發明之事業，而現時甚流行者也。凡遇一重要問題或特別事故發生，新聞紙及新聞通信社，往往派一訪員，向深知此問題，或與事有關之人，徵求其意見，而發表於報上，以餉閱者。

訪員從事因人訪問，有應注意者數事：

(一)談話人之心理　訪員欲人之談話也，須設法增其對於己之信任；信任之後，自肯多談；否則縱肯談話，必多不由衷之言也；故訪員如遇不肯談話之人，應尊重其守緘默之意思，不必驚訝，亦不必失望，可委婉說明外間已注意某事，報紙之天職，在供給新聞，對於某事，須有記載，若據有關必錄之慣例，登外間傳說之詞，恐無意中，或與某事不美之反射，似不如由先生發表對於某事之意見，以明是非云云。此種說法，最足增訪員之信用，常能引人談話也。

訪問時，訪員應守通行之禮節；凡講客氣之人所不爲與所不問者，訪員亦不能爲不能問；否則足減其信用也。若所訪問之人，爲著名人物，不按禮節，必難使其談話；即爲極尋當之人，手段亦宜委婉；否則探得之事實及意見，往往不確，於報紙無益也。

又訪問時，訪員不能用隨記簿，立時筆錄談話；因除著名人物不畏其意見發表外，大多數之人，未習於訪問，一見訪員手持隨記簿，立覺其談話之重要，或竟恐慌而不肯多談也。

（二）訪問前之準備　訪問不能無目的也，訪員應於訪問之前，預先計畫，將所欲知之事，善爲擬就問題，分出先後，如此方能望引出所欲得之答案也；因人縱極願談話，若訪員無一定之問題，助其整理思想，伊必不願暢談；且事前無準備，或致談論不重要之事，而重要者反未提及也。至問題之次序，非固定者也；使談話時，引出他問題，或訪員偶念及他問題，自可乘機先行發問，不必拘定原擬問題之次序也。但有準備，則他問題談完後，仍可歸到原擬之問題，毋須費時思索再問何事，及如何問也。

（三）記憶力與迅速　當訪問時，不能立時筆記，旣如上所述矣。如是發生如何保留談話以待編輯之問題，其最先之答案，當爲養成強有力之記憶力，能記他人之談話；故訪員平日，應自行培養記憶力也。如編輯迅速，能稍減記憶力之擔負；故訪問之後，訪員應立事編輯，以免時久漸忘之弊。且訪問之前，宜將原擬之問題，預先寫出，另留餘白；如是訪問之後，只須填寫答案；時間儉省，而編輯可更速也。

五　因事訪問之例

上海某路，有一高大洋房，忽然失火；某報得某處失火之略示後，即派出一訪員，從事探視；訪員依略示而至某地，然逾失愼之時，已三四時矣；訪員此時所能見者，不過一堆灰燼瓦爍，幾個看熱鬧之人，及房屋屬何種，並燒至何度耳，其他非訪員所能見也。看熱鬧之人，或能告訴此房原作何用，住者何人，但欲知失愼之原因，財產損失之數目，及房東之姓名，或須訪問住者；欲知房屋之價値，及保險費之數目，或須訪問房東。訪員能會見住者及房東，誠幸矣；否則尋知此等事件之人而訪問之。若火災頗大，死傷有人，則死者何人，傷者何人，死傷之情形何如，均宜一一查明；又幸免於難者何人，其逃脫之情形，有特殊可紀者否，亦宜調查。總之，訪員探視一事，時時發見引線，訪員之天責在順此引線而深加追究，至自信已得重要之事實而後已也。

六　因事訪問之方法

因事與因人二種之訪問，所用之方法，大致相同。上所述因人訪問之方法，均可引用於因事訪問；其不同之處，僅有二點：

(一)因人訪問，所訪問之人，乃由編輯指定，有時且爲介紹；至因事訪問，所訪問之人，則須訪員自行探知，且設法會見也。

(二)因事訪問之後，編輯之前，尚有一番斟酌的手續，爲因人訪問所無者。因人訪問，既重在某人對於某事之意見矣，故某人之談話，無論或全登，或僅錄其要點，訪員不能雜以己見，而謂爲某人之意見也。至因事訪問，則重在事實而非意見；如上述某處失火之事，訪員不能專登看熱鬧人之意見也，住者之意見也，或房東之意見也，亦不能將各人之意見，先後全登也；訪員應將衆人口傳之事實，仔細斟酌一番，如有不實不盡之處，則删去之，有互相衝突之處，則調和之，有不相貫串之處，則聯絡之，然後以不偏不倚之精神，編一首尾貫串事情眞實之新聞，以餉閱者。故因事訪問所產之新聞，大半爲衆人談話之集合體也。

七　報告集合之方法

訪員往往被派，報告集會之情形；此時應注意下列各事：

(一)宜早到會場　訪員宜先到會場，佔一適宜之位置，近於主席及演說之地點，以便開會時，聽得清楚也；且可利用開會前之機會，調查集會之目的，並演說人與會中重要人物之姓名。會場之布置，如有特殊可紀者，可於此時紀之。又會場中如散布印刷品或懸有重要文件，亦應於此時，擇有新聞之價值者紀之。

（二）演說不必全記　會中之演說，除特別重要者外，報紙每因篇幅有限，僅能登其要點；故訪員筆記演說，無須全錄，宜用心靜聽，將演說之大綱節目，及其中驚人之語與演說人再三申明之點，照原語錄下，其他可不記也。如此，登載之演說，雖較原文縮小，然大意仍存在也。

（三）編輯宜迅速　報告集會之情形，訪員雖能當時筆記，然所見所聞，斷不能全記，故仍宜迅速編輯，以免或忘一二事實也。

（四）連環筆記法　如演說之人爲極重要人物，其一字一句，均有登載之價值也，此時報紙，不能專賴一訪員筆記其演說之全文；宜用連環筆記法：由一報館派數訪員，或數報館各派一訪員，以一人看時間，以五分鐘或三分鐘爲一次，其餘訪員，各得一號數，自第一號之訪員起，筆記第一次五分鐘之演說，第二號之訪員接續筆記第二次五分鐘之演說，照此類推，至最末之訪員；如演說尚未完也，則復自第一號之訪員起，每人每次筆記五分鐘之演說五分鐘之後，即整理已所筆記者，遺者補入，誤者改正，謄出正稿，交與次號之訪員；此訪員將已稿整理後，即接上號訪員之正稿，謄出己之正稿；如是，演說完後，演說之全文，不久即可付印而發行，以餉未親聽演說而又欲知其原文之人也。

第三章　新聞之編輯

一　編輯之根本義

新聞既採集矣，其次手續，卽爲編輯。編輯之根本義有二：

（一）報告確實　訪員對於閱報之人，有道德上之義務，卽供給確實之新聞是也。既不可揑造新聞，亦不可顚倒事實；出於有意固不可，出於無意亦不宜；個人與個人，尙貴信實，況讀訪員所編新聞之閱者，多則數千，少亦數百乎！故訪員編輯之格言，應爲『報告確實』四字。編輯時，應謹愼從事，事實不可揑造顚倒，重要者亦不可遺漏，致失眞相，尤不可挾私見，對於一方有所偏袒，或搆害也。

（二）引人注意　新聞紙之閱者，可槪分爲二類：第一類之人，優游多暇，每日將其所購之新聞紙，自首至尾，全看一遍。第二類之人，則事情甚忙，每日僅能於進膳時，或他時，抽出工夫，展開報紙，掠觀一遍，見其所注意者讀之，餘則不顧也。第一類之閱者，既有報癖，無論新聞如何編輯，不患其不看，故訪員編輯時，應注意者，爲第二類之閱者，當力謀新聞能引起彼等之注意，使其亦不能不看也。昔人編輯新聞，用文人作紀事文之體裁，排列新聞中之事實，按其發生先後之次序，致往往居新聞之首者，爲瑣碎事實，而能引人注意之新聞精采，反埋居新聞之末，而失其引人注意之能力焉；又甚至用小說家之慣技，故意將人人所注意者，置於末尾，致本爲第二類人所欲看之新聞，因編輯不得法，不能引其注意，終僅第一類之人讀之，新聞之價值，因之減少矣。此弱點早爲美國報界發見，幾經改良；現已造成一種新歸之格式，卽於編輯新聞時，不計事實發生先後之次序，將最引人注意者，首先敘述，然後及詳細情形。此格式應用已久，成效大見，我國報界，亦宜採用之。

二　新聞之格式

新聞之格式，乃分新聞爲撮要與詳記二部；新聞之首段曰撮要，其次諸段曰詳記。

新聞之撮要，以新聞之精采，及數問題之簡單答案組成之。每一新聞，必有其精采，否則無新聞之價值也。精采既爲引人注意新聞之物矣，故訪員應能於種種事實中認出孰爲精采，而首先述之。精采之外，尚有數問題，亦閱者看新聞時，所亟欲知悉者也，故訪員應同時答覆之，但不必詳答也，因新聞之詳記，卽此數問題之詳細答案耳。由上觀之，訪員編輯新聞時，應於第一段中，首述精采，次簡單答覆數問題，以不失明瞭為度，而成所謂新聞之撮要；至較瑣碎之事實，均不合放入也。設因文法關係，新聞之精采，不克置於簡單答案之前，只能放於答案之間，則可用較大之字印刷，以表出之。

閱者看新聞時，所亟欲知悉之問題，可概分之為六：即何事，何地，何時，何人，為何，及如何是也。例如一九一八年五月，楚材軍艦於漢口附近撞沉江寬商輪之事，閱者在報上見提及時，除已知何事外，必尚欲知江寬於何地遇險，何時遇險，乘客遇險者何人，楚材因何撞沉江寬，及二船受傷之程度何如也。至於此新聞之精采，自為數百人之同時葬於魚腹，故訪員編輯此新聞時，應於撮要內，首先提出數百人同時葬於魚腹，並簡單報告事為楚材撞沉江寬，於某地撞沉，某時撞沉，重要之遇難人為某某，又因某故致生撞沉之事，及現在楚材無恙，與江寬沉沒之情形也。此六問題，非必須全答，其中如有無關重要者，則可不必答復；至其先後，並無一定之次序，因六問題比較上之重要至不一定，在此新聞中，此問題為重要，在他新聞中，或爲次要；但訪員有一可守之規則，即按諸問題比較上之重要而排列之，先述最要之問題，後及次要之問題是也。撮要之後，即爲詳記，新聞中之種種事實，訪員可按其發生之次序，先後於詳記中，詳細述之；如事實寥寥，則詳記可不分段，否則應按其性質，分爲數段。分段之理由有二：

(一)便利　詳記分段，則閱者欲看其所注意之事實時，覓之甚易，省時省事，此一便利也。又吾人普通之經驗，凡讀一文，須常停頓，方易於記憶；如詳記分段，則閱者看新聞時停頓之處，較未分段時加多；如是，新聞中之事實，印入閱者之腦中，亦較易矣。

(二)美觀　新聞紙每版數欄，每欄數十行，每行二三十字，長千餘字之新聞，若中無段落，觀之不如分爲數段之較美也。

詳記之各段，其中事實之重要，不盡相等也；訪員編輯時，應用編輯撮要之法，先述最要之事實，後及次要之事實也。詳記之長短，當視新聞價值之高低定之；價值高之新聞，詳記可長，價值低之新聞，詳記宜短，其瑣碎之事實，均宜删去不記。故往往同一新聞，在本埠報紙登之，可長一千餘字，而居於本埠之通信員，投稿他埠報紙時，則僅能投數百字之通信；其故無他，該新聞之價值，在他埠不及在本埠之高，故詳記中之事實，多被删去也。以此可見新聞之價值甚低時，詳記可不有也。

三　採用新聞格式之理由

新聞格式之採用，有二大理由：

(一)能引起閱者之注意　撮要之中，首先提出，或用大字表出，最能引人注意之新聞精采，如是，第二類之閱者見之，亦不能不看矣；至第一類之閱者，自無問題也。新聞紙能多有一注意其新聞之人，即多一銷路，故新聞格式之採用，於新聞紙甚有利益也。

(二)極便利閱者　撮要之中，除新聞精采外，尚有數問題之簡單答案，如是，縱無詳記，撮要可獨立成一簡短明瞭之新聞；第二類之閱者，只看各新聞之撮要，即可於最短時間內，知世界現時事情之綱要；不看詳記，於事無礙也。如對於某事特別注意，欲知其詳細情形也，則有詳記，且詳記之長者，分爲數段，閱者全看一遍也可，僅看一段也亦可。故新聞格式採用之後，閱者可得甚多之便利也。

四　中國報紙應改良之處

近年以來，中國之報紙，頗見進步；而尙須改良之處，亦復不少；就鄙見所及，關於編輯新聞一面，應改良者有三：

(一)亟宜採用新聞之格式　中國訪員編輯新聞，仍如文人之作紀事文也，往往埋沒新聞之精采，或長千餘字之新聞，中無段落，既不能引人注意，且不易閱看，致靡費閱者之時間；故新聞之編輯，如改良也，當自採用新聞之格式始。

(二)宜用句讀　中國報紙，用句讀者甚鮮，或因未知句讀之益乎？句讀者，乃用各種符號，以增進文字之明瞭，俾閱者易於了解者也。中國報紙之文字，非不明瞭，今日看報之人，當能了解，然句讀之採用，仍不可緩也，因採用之後，則報紙之文字，更見明瞭，今日欲閱報而不能了解之人，或進而能了解矣。能看報之人多，則看報之人自多看報之人多，則報紙影響所及之範圍益宏，其銷路亦益廣矣；故採用句讀，於報紙有益之事也。至吾之所謂句讀，非現時報紙用連圈連點之謂；連圈連點，與末圈末點無異，因文字之意義，不因此更明瞭也；亦非將西文所有之符號盡行採用之謂也；不過主張採用幾個適用之符號，如以○表句，以、表讀，以——表固有名詞，如人名地名，以「」表引用之語而已。

（三）打消『新聞政策』　報紙之根本職務，固為供給新聞，然同時亦可盡指導輿論之責也；故報紙對於各事，有所主張，或保守，或進取，或贊成，或反對，日日於其社論欄內發表之，擁護之，乃正當之事也。『新聞政策，』如作此解，吾人對於報紙之主張，縱或有懷疑之處，然不能咎其有一定之主張也；換言之，新聞政策之當存在，無可疑也。所可惜者，『新聞政策』並不作此解，此名詞之在今日，有造謠與挾私的意味，政黨之機關報，為達一時之政治目的起見，往往對於敵黨之領袖，造一篇大謠言，登之報上，以混亂一時之是非，反美其名曰：此『新聞政策』也。或每日於新聞欄內，為輸灌不利於敵黨之感想於閱者腦中起見，將一原來五六行即可登完之新聞，『特別放大』，成一篇淋漓痛快洋洋千言攻擊敵黨之大文章，亦美其名曰：此『新聞政策』也。新聞與意見，固難絕對分離；然明目張膽，造謠挾私之『新聞政策』，雖政黨可視為政治活動之利器，但自報界全體觀之，則絕無存在之餘地，非打消不可也，因報紙於新聞欄內，本應以正確之新聞，供給閱者，今乃犧牲此可貴之空間，登其造謠挾私之文字，是因盡指導輿論之附屬職務，反荒棄供給新聞之根本職務，其不合於邏輯，自不待言，况造謠挾私，亦非道德所許乎！至自閱者言之，『新聞政策』與閱者種種之不便，亦非打消不可：被欺，一不便也；於長篇文字內，尋出五六行之新聞，多費時間，二不便也；閱者如知正確之新聞，對於各事，自能自有主張，今實行『新聞政策』之報紙，乃極力減少閱者自行作主之機會，三不便也。

五 二件新聞之改編

昔年京滬各報曾登交通運輸會議開幕之一段新聞，其原文如左，可用之以說明中國報紙新聞編輯之弱點。

此段新聞，雖長千餘言，不但無撮要與詳記之分，且絕未分出段落而句讀之，全篇事實，均按其發生先後之次序排列；致閱者須看過二十六行，方知是日曹總長因事未到會，委陸夢熊君代表致訓詞；須看過三十八行，方知葉次長曾到會親致訓詞；須讀完全篇方知當日所有經過之事；既難讀而費時，且軟弱而無力。若用新聞之格式改編之，且用句讀，則文與式應如後：

交通部第一次運輸會議，其目的在謀運輸事務之統一，已於本月二十四日，假鐵路協會開幕矣。首由主席路政司司長關君賡麟致開會詞，（見後）次由曹總長

●交通運輸會議開幕

民國七年六月二十四日交通部開第一次運輸會議假鐵路協會爲會場會員到者五十二人來賓及部員旁聽者四十餘人於午後二時振鈴開會首由主席路政司司長關賡麟君致開會詞略謂運輸會議自去歲十月間頒布章程卽已著手辦理今茲之舉實幾經籌畫始見施行會議要素厥惟二端一爲議案二爲會員議案貴乎能行此次交通部及各路提出各案均應辦之件而又籌有辦法非空言悅聽之比一經討論必能見諸施行各議案大部重要或表面似乎平常而關係却甚大莫非多年未能解決之問題設能全數得有解決固佳卽或十得其一二本會議之功已不可沒至會員有特色二一肯負責任二夙知甘苦蓋各會員均係鐵路上重要人員經驗有素所議各案議決之後須負履行之責尤不容不盡心討論其盼望之切殆如醫者望病人之痊而辯護之熱心又如律師爲被告人爭辯者此由於平日所受痛苦既多故言之親切從前本部主持畫一各路尙多異同近日則非但華員以宜統一爲言卽洋員亦多感不統一之苦而向部陳議可知

鐵路運輸統一之時機已經成熟吾輩同人固當於各議案力求正當之解決以副總次長之期望尤當犧牲其本路之私見與平日之所見爲良心之觀察云云是日曹總長因事未能到會委參事陸夢熊君代表致訓詞大致謂運輸爲鐵路命脈各國運輸多已完備尙常集內外職員切實討論交換意見故能泛應曲當吾國鐵路敷設時各不相謀近年運輸事務日繁聯運客貨正宜力求統一運輸會議必不可少本會議係在路職員與鐵路運輸有關係者之綜合會議坐言卽可實行無一毫間隔當各本其學識精密討論其議決之案卽當依次籌辦又須聯合一案互相商榷舉從前錯見歧出之弊一掃而空之云云當由衆會員公推陳國華君將總長訓辭譯爲英文宣讀一過次爲葉次長訓詞大致謂鐵路之在吾國位置年有不同近年以來所佔位置日益重要因近來種種原因故今一般人皆能知其重要而對於鐵路上之要求責備亦因此而加多我輩身歷其境必須盡其責任但非一手一足所能奏效應如何改良整頓自應硏究諸君久任路事對於整頓路務自然胸有成竹但恐部局隔閡故凡事有文牘往來不能辦到而當面

商量可以辦到者故有此次會議之舉然鄙人尚有鄭重聲明者此次運輸議案皆共同議案並非專爲一路而設務望諸君將議案閱後第一須研究其提案原因第二須認今日乃改良中國鐵路之機會須虛心研究辦法雖於一路或有損害之處亦不能不犧牲其有利益之舉亦不能不贊助萬不可囿於一隅致累全體至現定會期甚短萬一不能蕆事不妨延長又審查會另有時間可以從長討論且吾國鐵路位置與昔不同其困難亦日甚一日同人等皆負責任之人務須盡力實行不可觀望萬不可因是非毀譽而有灰心總望坐言起行詳細討論倘能秉此一番精神作去自必有好結果也又言議案之中最注意者運貨擔負責任一案此係各商民盼望已久之事務宜從速議有辦法以副人望云云後由劉會員景山用英文譯出次由會員公舉丁君士源代表全體致答詞云吾國路政開辦至今已歷四十餘載因有種種原因辦法未能一致故進步不速交通部成立以後力求統一方法開會討論如會計統一已獲實效茲復招集運輸會議謀運輸事務之改良統一及進行辦法誠扼要之圖也今員等添供路職自愧學識譾陋無

> 裨高深惟有仰體部長召集之盛意各盡愚誠以求運輸發達云云嗣登台相繼演說有會員王局長景春來賓陸參事夢熊會員虞局長愚諸君時已五時乃振鈴散會隨茶點攝影而散並由主席宣告嗣後每日下午二時至六時在此會開議云

之代表陸君夢熊，與葉次長，先後致訓詞，（見後）次由會員之代表丁君士源致答詞，（見後）均以統一鐵路運輸，爲當今之急務。又次會員數人，相繼演說。隨卽茶點攝影而散。

是日午後二時開會，到會者有會員五十二人，來賓及部員旁聽者四十餘人。曹總長因事不能到會，故委參事陸君夢熊代表。其訓詞由會員公推陳君國華，譯爲英文。葉次長之訓詞，由會員公推劉君景山繙譯。會員演說者，爲王局長景春，及虞局長愚；來賓演說者，爲陸君夢熊。此日僅舉行開會禮，嗣後每日下午二時至六時，將仍在鐵路協會，討論一切議案。

主席關司長之開會詞如下：『運輸會議，自去歲十月間，頒布章程，（中略）尤當犧牲其本路之私見與平日之成見，爲良心之觀察。』

曾總長致訓詞如下：『運輸爲鐵路命脈；各國運輸，多已完備。（中略）舉從前錯見歧出之弊，一掃而空之。』

葉次長之訓詞如下：『鐵路在吾國之位置，年有不同。（中略）務宜從速議有辦法，以副人望。』

會員代表丁君答覆如下：『吾國路政開辦，至今已四十餘載。（中略）各盡愚誠，以求運輸發達。』

讀者試取改編者，與原文相比較之，當能看出彼此之優劣，而覺新聞格式之亟宜採用也。茲將改編者，詳細說明於後：

此篇新聞，現分爲二部；首段爲撮要，餘爲詳記。撮要之頭十字，爲『交通部第一次運輸會議，』因其爲新聞之精采也。交通部，乃國中著名機關之一，運輸會議，爲新穎之名目，而運輸之事，又與多數商人發生關係，亦研究鐵路運輸學者所注意，故『交通部第一次運輸會議』十字，爲新聞之精采也。次十二字爲『其目的在謀運輸事務之統一，』因於此新聞內六問題之中，以『爲何』開會爲較重要，故首先答覆也。其次『已於本月二十四日假鐵路協會開幕矣』十六字，乃答『何時，』『何地，』『何事』之三問題也。至『主席路政司司長關君賡麟』『曹總長之代表陸君夢熊』『葉次長』『會員之代表丁君士源』等字，用以答『何人』之問題也。其餘『致開會詞』『先後致訓詞』『致答詞』『相繼演說』『隨即茶點而散』等字，仍答『何事』之問題也。至諸人之演說，並無特殊之點，故不列舉；而以『均以統一鐵路運輸爲當今之急務』概括言之也。又會務之進行如何，此時尚談不到，故『如何』一問，未置答也。然有五問題之簡單答案，與新聞之精采，撮要已可成一獨立簡短之新聞，閱者讀之，即可知會中之重要事實，雖不讀詳記可也。凡次要之事實，均編入詳記，共分五段，俾易讀易查也。

又某報有無意作事之廣告之新聞一則，其原文另見。夫此新聞之精采，非王宣啓事之原文乎？該訪員置之於最後，而『前在某京報廣告欄，見大載將來作官不愛錢之啓事一則，曾爲揭出』等語，反置於最前；其自詡功勞，固得矣，然未能表示其知新聞精采爲何物也。應用新聞格式，改編如後：

> ●無意作事之廣告
>
> ▲已在法校畢業　▲切勿相約作事
>
> 前在某京報廣告欄見大載將來作官不愛錢之啓事一則曾爲揭出茲又於某報得見啓事一則蓋國立法校經濟班畢業生王某無意作事求人切勿相約之一段清高廣告也
>
> ▲王宣啓事　宣現畢業於國立法校之經濟班擬卽返里潛修所學凡戚友賜札必立答覆若以學問相商或以英日漢新版書目見告者尤表歡迎但無意作事切勿相約札投京兆薊縣城內聚盛號轉不誤特此敬白

『王宣啓事　宣現畢業於國立法校之經濟班，(中略)但無意作事，切勿相約。札投京兆薊縣城內聚盛號轉不誤。特此敬白』

此國立法政專門學校畢業生王宣（答何人）近（答何時）在京報（答何地）所登之一段淸高廣告也。（答何事）其登載之理由，惟王君自知。（答爲何）前有人在京報，登『將來作官不愛錢』之啓事，與此對之，眞可謂無獨有偶也。（答如何）

此新聞極簡短，故僅有撮要而無詳記也。

第四章　新聞之造題

新聞旣編輯矣，其次手續，卽爲造題，由訪員或編輯於新聞之前，加以題目，以達目的，名曰造題。題目的維何，俟後說明。

一　中國報紙新聞題目之分類

取中國報紙之新聞題目，而詳細硏究之，知其可分爲三種，且有幾個通行之辦法焉。

例一

> ◉海參崴之大騷動
>
> ▲過激派之失敗
>
> 捷克軍佔領後之情形　（三日東京電）
>
> 捷克司羅巴克軍已將海參崴過激派本部電信局國立銀行市參事會市役所等佔領（下略）
>
> 捷克族之企圖　捷克司羅巴克軍已佔領海參崴勞兵會本部並設立西伯利亞政府　（下略）

中國報紙之新聞題目，可分為正題附題及分題三種。於例一中，海參崴之大騷動為正題，過激派之失敗為附題；至捷克軍佔領後之情形，與捷克族之企圖，則為分題。然三題全用之時甚少，多數新聞，只有正題附題，而無分題，如例二也。又簡短之新聞，往往僅有正題，併附題而無之，如例三也。

報紙登載一地之新聞時，每集不相聯屬之新聞，於一處登之，此時除正題外，各

例二

◉宣統習武

▲馬年學習乘馬

清室舊制皇帝本須習武宣統現年十三歲照例學習乘馬瑾太妃已派定乾清門侍衛都林爲教授一切操縱控御之術由該教授逐日訓練世中堂現派內廷蘇拉搭運送黃土修墊景星門內御道當此柳色垂青碧桃吐豔一鞭馳逐風入四蹄實足點綴上林春色云

例三

◉黑龍江亦派爭林代表

吉林省會派遣代表入京爭廢林礦借款合同尙無頭緒聞黑龍江省會亦推派梁聲德等爲代表入京陳情昨先有電來京要求當局接見矣

例四

◉浙事一束

▲路股近聞　浙路股款清算處現在開付第八期股款零數現銀餘均交通京鈔故各股東及股票公司向以數十張併作一號者今爲少數現銀計多析爲二張一號或三張一號掛號處手續異常忙碌聞已付出六十餘萬元至第九期股款一百十二萬元業由該處催請交通部籌還

▲公債付息　財政廳昨奉財政部令開查內國公債付息國信攸關當三年公債第七次付息之時曾經本部通令各經理付息機關遵照付息施行細則妥愼辦理在案今年六月三十日又屆第八次付息之期合行令仰該廳迅卽籌備並轉令所屬各經理機關一體遵照務使購票各戶到期得以便利領息庶於國家信用公債前途兩有裨益一面仍將布置情形呈復備查

▲司法消息　司法部特派員淩士鈞余紹宋二君來浙調查擬於各府屬添設地方審判廳各縣添設初級廳取銷縣知事兼理司法事宜昨已與經陶兩廳長磋商辦法一俟就緒卽當回京呈部核辦

新聞每有分題，以醒眉目，如例四也。又此時之正題，多爲概括之詞，常用某地近事紀要，某省要聞彙誌，某省最近之情形，某省最近各方面觀，或某地之雨絲風片等字。有時且直稱之曰某地通信。

二　中國報紙新聞題目之普行辦法

中國報紙，對於新聞之題目，雖無成文之規定，然習慣上，已有數事，可視爲通行之辦法。

（一）關於字之大小者　正題之字，常大於新聞之字，而附題及分題之字，則常與新聞之字相同；又正題之字，每較附題之字大，而與分題之字，則有時較大，有時相同，無一定之關係；讀者試取前所引之諸例，及報紙觀之，即知此言之不謬也。

例五

◉烏梁海內附之佳音

▲望政府注意圖之

（二）關於字數者

正題與分題之字數，雖無一定，然鮮有過一行

例六

◉閣議中之開闢商埠案
▲已承允開放六處
▲外勢從此遍內蒙

例七

◉森林大借款之進行
▲吉林督軍省長同意
▲介紹人爲陸宗輿
▲農商部仍在反對

例八

◉中央選舉會投票詳情
▲第一部尚有四名未舉
▲第三部尚在激爭中
▲第六部未能舉行
▲餘皆已選出

者。至於附題，則無定式，有一行者，(如例五)有二行者，(如例六)有三行四行者；(如例七例八)尚有五行以上者，然不多見也。有一行有二句，或二讀，而彼此相對者；(如例九)又有一句分作二行者。(如例十)至於各行排列之法，有層層高者，(如例七)有層層低者；(如

例九

◉時局要聞

▲吳佩孚之緩和　▲馮玉祥之勇進

▲閩局陡轉　▲李督懂忙

▲小葉籌戰費　▲鐵路收現洋

例十

◉醴陵浩劫

▲城中百姓

▲只有二十四人

例八例九等）後者最普用。總之，附題最活動，而易於構造也。

三　題目之目的

冠題目於新聞之前，果有何目的乎？正題不足，又加以附題與分題，是何用意乎？當於此節詳言之。

題目非塞篇幅者也，雖間有報紙，因新聞不足，多加題目，以塞篇幅，然非正當之事也。新聞不足，正暴露該報採集之無能，況登無意味之題目，於可貴之新聞欄內耶！

題目非發表意見者也，於新聞題目之中，發表意見，雖非絕對不可行，然用之宜有限度，切不可以此而妨害其眞正之目的也●報紙常用附題，發表意見，用正題分題者，不多見也，可於例十一及例十二見之；不過例十二中，用以發表意見者，僅附題之第二行耳。

例十一

◉財部擬實行舉辦所得稅

▲勝於借造孽之外債

例十二

◉閣議中之開關商部案

▲已承允開放六處

▲外勢從此逼內蒙

題目之眞正目的有二：卽引起閱者之注意，並簡示新聞之內容是也。

(一)引起閱者之注意　正題之字，常大於新聞之字，附題與分題之字，有時大於新聞之字；前已言之矣；且三者均居新聞之前；故題目實佔最優越之地位，設能用之，以述新聞之精采，及其他重要之事實，最能引起閱者對於新聞之注意。此於報紙有益之事也，故題目之第一目的，爲此也。

（二）簡示新聞之內容　設題目之意義明瞭，且所述者，為新聞之精采，及其他重要之事實，則閱者讀之，即知新聞之內容。此於無暇詳細看報，而又欲知世界大事之人，最便利也；而報紙最宜設法使之滿意之人，又為此類之閱者。故題目之第二目的，為簡示新聞之內容也。

四　造題之方法

欲求所造之題目，能達其二種之目的，造題時，應注意下列各事：

例十三

◉龍孫朱徐等往祭項城

袁項城逝世近屆兩週年京中政界諸人曾受知遇者均擬親往鄴下致祭昨晚京漢九點二十分快車特掛專車一輛以備往祭之人乘坐聞龍濟光孫寶琦朱啓鈐徐樹錚等多人均於昨晚同車前往定十六日即行返京

（一）正題中提出精采　最能引人注意之新聞精采，應於正題中提出之，因正題之字，不僅大於新聞之字，且常大於附題之

例十四

◉王揖堂大宴新議員

▲安福將易名太平

新聞交通社消息新國會選舉除西南五省及湘鄂之一部分尚未竣事餘均次第選出安福俱樂部長袖善舞完全得占勝利以安福舊址過形狹隘遂遷入太平湖饗進步黨舊巢而新葺之有易名為太平俱樂部之說誠最吉祥之名詞昨日王揖唐以部長資格大宴來京之新議員一時車水馬龍備極其盛與於茲會者約有六七十人云

例十五

◉西比利亞之新形勢

▲霍爾瓦特又組織政府　鮑黑督昨電來京略稱俄過激黨為斯拉夫族戰敗霍爾瓦特決定在西比利亞組織政府已擇妥四站寬城子二地任取一處不日即可成立惟霍氏既擔任新政府職員似難再兼東清路總辦應若何與之談判請政府速示遵辦云云

字，有時亦大於分題之字，而又在附題與分題之前也。例十三之龍孫朱徐等，及例十四之王揖堂均現時多數人注意之人物也；又例十五之『西比利亞之新形勢』現時多數人所注意之事也；故均為新聞之精采也。因是遂均於正題中提出之，宜也。

(二)附題分題職在補助　正題之意思，如已明瞭，且已盡述新聞中重要之事也，則可無須另造附題或分題；否則可用二者或二者之一，以補助之。例十三之正題，意義甚明瞭，且除『往祭項城』外，別無要事，故無附題與分題也。例十五之正題，不甚明瞭，故用霍爾瓦特又組織政府等分題，以解釋『西比利亞之新形勢』究如何也。例十四之正題，意義雖已明瞭，然因新聞中，尚有『安福將易名太平』一件可注意之事，故設附題以述之。又分題之字數，少有過一行者，而附題最無定式，前已述及矣；如是，二者之中，以附題最能盡補助之職也。

(三)含糊之字不宜用

例十六與例十七，其正題之意義，均極含糊，因新

例十六

◎楚材撞沉江寬案近聞

楚材撞沉江寬案業經海軍部組織法庭審訊迄未解決惟政府以江寬損失極重不無惻隱之心故有賠償之議而楚材艦長曾進銳君猶以賠償爲不當日前特請三律師擬稿呈遞內容具有理由四種（一）爲江寬年齡已老不撞亦有自沉之勢（下略）

例十七

（滬）如是我聞之平和運動

日來各方面對於和議一層確有進行記者援有聞必錄之例已詳為登載茲將昨日所得消息彙記如下徐東海月來避地出京力求與政潮相遠無論他方面之如何纏擾終不肯輕易墮入旋渦乃頃據當局某要人言前日東海確有分致總統總理密函二通（外間謂係電報少異）極力勸告息爭救民一致對外（下略）

聞皆近聞也，又多得自傳聞者也。如用『近聞』及『如是我聞』，以造題，不惟新聞之內容難明，且難引人注意也。假使例十六之正題，改為正附二題如後：

『江寬年老不撞將自沉
楚材艦長不服賠償
以此為理由』

又例十七之正題，改為徐東海密函主和，則題目之二種目的，均可達到矣。故凡意義甚廣，及概括之詞，不宜用也。

(四)每行宜有一動詞　欲題目之明瞭而有力也，每行之中，宜有一動詞，以表示一定之動作。如江寬年老不擂將自沉，楚材艦長不服賠償，以此爲理由及徐東海密函主和之四行題目，每行均有一二動詞也。

第五章　新聞之通信

一　訪員與通信員之比較

爲報紙採集兼編輯新聞之人，在本埠者曰訪員，在外埠者曰通信員；其職務既相同，故第二章內所舉訪員之資格，通信員亦應具有之，上所述採集與編輯之方法，通信員亦應引用之，而對於新聞之精采，與新聞之價值，尤應有明瞭之觀念也。

至通信員異於訪員者有三：

(一)諸事概須自理　訪員每日應採視何事，大抵有編輯爲之決定；如因人訪問也，報紙往往爲之介紹；如報告集會也，報紙往往爲之預備入場劵；故其進行尙易。若通信員則諸事概須自理，須自立一簿，登記各種略示；某日應採視何事，須自行決定，因人訪問時，須自行介紹；報告集會時，須自覓入場劵；故報紙可有交遊不廣之訪員，不能有交遊不廣之通信員也。

(二)選擇通信材料　報紙所需於訪員者，爲本埠新聞；而所需於通信員者，爲其閱者所注意之某地新聞。但某地之事，在其地雖有新聞之價值，往往因距離與時間之關係，在他埠則價值全無，或大爲減少；故通信員對於通信之材料，須愼加選擇；第一須能辨別某事是否爲純粹之本埠新聞；如其是也，則不能視爲通信之材料，如其否也，則須審定其新聞之價值，因時間與距離之關係，究減少幾許；使大減也，則僅可於通信中，述其要點；使小減也，則報告可略爲詳細。總之，通信員對於材料之取舍，宜寧缺無濫也。

(三)無須日日投稿　通信材料，既須愼加選擇矣，故訪員投稿之次數，不能固定，尤不能望其日日投稿，但訪員則須日至報館辦公也。

二　通信員之今昔

中國報紙之通信員，現分爲普通與特約二種。普通通信員，僅事報告新聞，新聞之前，例不署名；而特約通信員則就發生之新聞，而貫串以己見，以成其通信，且署名於前。中國報紙之有通信員，當在戊戌政變以後。其初最上者，不過僅能於公署中，摘抄一二緊要文件而已，其餘皆摭拾公署中尋常公事之流，更不足論。近年以來，特約通信員中，頗有能者，每能發見政治之黑幕，與推測政治之前途，而以有趣之文字揭布之，引起時人之注意。特約通信員之資格，已非昔比，使以後能引用新聞之格式，少參個人之意見，注意社會之新聞，則更善矣。

夫政治新聞，除首都外，終有限也。使通信員能留心社會之新聞，注意十分希奇之事，與社會中著名人物及著名機關之一舉一動，則其通信之材料，可增加也。

通信分投函與專電二種。近年以來，上海各大報，除登各通信社之專電外，尙有各自之專電；自北京發者，幾佔全數；大抵由投函之駐京特約通信員兼任。至專電之所以發展者，原因有二：

（一）電費之特別減價　今日電報局，對於新聞電報，只收普通商電電費四分之一，不似昔日概按商電收費，此專電易於發展者一。

（二）採集新聞之較易　今日京津之間，報館林立，每日專電，可取材於此間每日發行之報紙，無間歇之慮；較之由發電人自行採集新聞，且負確否之責，不大易乎？此專電易於發展者二。

第六章　報館之組織

報館者，一製造廠也。其必要之原料，爲紙，墨，與新聞；其出產品，爲每日所發行之報紙；其內部之組織，常分爲三部：（一）編輯部，撰著社論，編輯新聞，屬焉；（二）營業部，招登廣告，發售報紙，收發款項，及報務行政屬焉；(三)印刷部，印刷事宜屬焉。吾國報紙事務之發達，尚不及歐美之報紙，故報館分工之精密，亦不及歐美之報館。彼於每部之中又詳細分工，而我則尚未也；且現時僅上海一地之報館，均有印刷部；至他埠之報館，印刷事務，尚多委託於商人；能自設一印刷部者，不多見也。故研究報館之組織，當以歐美之大報館為標準；其組織之詳情，大致如後：

(一)營業部　部中有主任，總攬部務，謀報館經濟上之成功。其下有廣告經理，專司出售廣告，並為人計畫廣告事宜。有發行經理，專司發行報紙事宜。有會記，專司收付款項，並保存銀錢事宜。又廣告經理之下，有廣告招攬人以佐之。發行經理之下，有書記，寄報人，送報人及派報人，以佐之。會計之下，有司帳人及書記以助之。

(二)印刷部　部分三門：(甲)排字門，其中有排字人，排版人，及校對。(乙)印報門，其中有印報工人。(丙)雕刻門，其中有雕匠，雕刻各種字畫。三門之上，有一主任。

(三)編輯部　報館中最重要者，為編輯部；廣告之外，報紙所登之材料，概由此部供給。共分爲四門：（甲）社論門，專司批評時事，發表意見，以指導輿論；其中有總主筆，並有數編輯以輔之。（乙）新聞門，專司新聞之採集，編輯，及造題事宜，與社論門爲並立機關，而不受其節制；其中有主任，總轄三室事務。三室如下：（子）本埠新聞室，有一編輯，指揮訪員，採編本埠之新聞，又指揮閱稿人，改正編輯不得法之稿件，並造新聞之題目。（丑）外埠新聞室，有一編輯，任用通信員，採集外埠之新聞；此外尚有閱稿人，書記，及接電生，助其進行。（寅）專門新聞室，有商業編輯，專紀金融界及市面之新聞；有游藝編輯，專紀運動與游藝之新聞；有戲劇編輯，專談戲劇；有音樂編輯，專論音樂，其稿件直行付印，不經他人之審定也。（丙）美術門，其中有畫師及照像之人，專預備報紙所需之各種插畫及像片。（丁）星期增刊門，美國各大報，多於星期日，特別增刊，另請一編輯，及數助手，專辦此事。

（四）圖書室　歐美大報館，尙有一重要之機關，卽圖書室是也。其中收藏參考書頗富，而名人之履歷與像片，搜羅亦多；如是，著名人物之死信朝至，而其一生之歷史，夕見於報上矣。又總主筆研究一事，亦能有所根據，不至涉於空談，或放無之矢也。

第七章　新聞通信社之組織

一　新聞通信社之功用

新聞通信社者，不出版之報紙也。其產生也，乃順自然之趨勢；因今日大城市（如紐約倫敦）之報紙，如各種新聞，概須自行採集，則須於本埠用訪員數十人，於世界各重要城市，用通信員一人，方無遺漏重要新聞之虞。但此種鉅費之支出，即最富之報紙，亦難擔任；自有新聞通信社以來，以同樣之新聞，供給各報，而令各報分擔採集之費，報紙之難關解矣；既可得各種新聞，而所費又不甚鉅，便利誠無似也。近年來新聞通信社之組織，日益完備；各地報紙，所登之新聞，多爲其所供給，無須多聘訪員與通信員也。不過於特別注意之事，仍用訪員，於其特別注意之地，仍用通信員採集新聞而已。

二　新聞通信社之分類

就其所供給之新聞言之，新聞通信社，可分爲本埠新聞通信社，及外埠新聞通信社。近年來，發生於北京之各通信社，如新聞編輯社，亞東通信社，新聞交通社等，均本埠新聞通信社也；因其僅以北京之新聞，供給北京各報耳。至日人所辦之東方通信社，及英人所辦之路透社，能以世界各地之新聞，供給各報，均外埠新聞通信社也。又就其組織之辦法言之，新聞通信社，可分爲商業的通信社，及互助的通信社。前者乃私人之組織，任何報紙，凡願付一定之代價者，均供以新聞，其目的在謀利；路透社，即此類通信社中之最完備者也。至互助的通信社，乃各報館爲公同利便起見，自行聯合而組織者；各社員以各自所採集之新聞，報告社中，並由社中供以他社員所報告之新聞；社中費用，由社員分擔，凡非社員者，概不供以新聞；美國之聯合通信社（Association Press），即此類通信社中之規模最大者也。路透社與聯合通信社，均有數十年之歷史，卓著之成績，擬於下二節中，述其大概；我國幼稚之通信社，或能有所借鑑焉。

三　路透社之組織

路透社之創辦人為 Julius Reuter，係普魯士人，交遊素廣，在歐洲各城市及各政府中，均有朋友，向以供給商業新聞於希臘商人為業。於一千八百五十八年，擴張其舊業，設立路透社於英國倫敦，供給歐洲之新聞於各報。其始也，英倫各報，對於其計畫，多所懷疑；然開辦之後，成績顯著，數星期內，英倫各報，先後遂與之訂長期契約，泰晤士亦與焉。

該社事業，始僅供給歐洲之新聞，後逐漸推廣，能供給美洲，澳洲，日本，中國各處之新聞；時至今日，則凡與英倫可通電信之處，幾無不有該社之通信員；又凡重大事件舉行之地，（如大戰場大典禮）亦莫不有該社之通信員。該社幾不啻世界之喉舌也。

該社初辦時，所最感困難者，爲交通之不便利，傳遞消息之艱難。該社爲戰勝此困難起見，曾不惜巨費，於無電線之處，自設電線，無郵局之處，自設郵局；於大西洋未設電線之前，自備一快輪，在愛爾蘭島之海岸，遇由美來英之輪船，以接收由該輪帶來之該社駐美通信員所發之信件，接收之後，即開往最附近有電線之地，將重要消息，電致該社倫敦事務所；如是，由美開來之輪船，未抵英倫之前，美國重要之消息，早傳遍英倫矣。當美總統林肯被人擊斃時，往英之輪船，早已開行，該社遂僱一快輪，趕上該船，將報告此重要消息之信件，交於該船，其苦心毅力可謂極矣。

該社之總事務所，現設於 24 Old Jewry, London。世界報紙，用其通信者，不計其數也。

四　聯合通信社之組織

一千八百四十八年，紐約數報館，爲謀本埠新聞之採集便利起見，組織一聯合通信社。後範圍日益擴大，迨至今日，社員有九百餘家報館之多；而全世界之新聞，均在其採集之列也。該社純粹爲互助的，每一社員，有將其所得之本埠新聞，報告於社中之義務；同時有自社中，得他社員所報告之外埠新聞之權利。大抵每城中，有一社員；於無社員之地，由社中專請一通信員，採集其地之新聞。所有社中用費，由社員公攤之。

該社將美國全國，劃分爲數區，每區復分爲數分區；每區之中，有一區事務所，每分區有一分區事務所。紐約之區事務所，曰總事務所。各事務所有電線相聯。雖範圍有大小之殊，而所司爲編輯新聞與收發新聞事宜，則一也。例如紐約總事務所，收到紐約社員所報告之紐約新聞後，即斟酌情形，電致他區事務所及他分區事務所；有時用紐約社員報告之原文，有時因新聞價值之變化，删去次要之事實，而改編之；大抵發出之電，以改編者爲最多；而致距紐約甚遠之區事務所之電，多極簡略也。又該總事務所，收到他區事務所之報告後，亦如上法辦理，斟酌情形，電致本區內各分區事務所也。

歐美新聞事業概況

愈之編

篇上　概論

一　近世新聞紙之地位

新聞紙者，西名 Newspaper。蓋指各種定期出版之日報週報等而言。其性質以記述時事爲要旨，與他種論述政治學術及社會事件之雜誌叢刊，微有不同。近世以來，歐美物質進化，事業繁盛，而新聞紙之發達，尤臻絕頂。就主觀論之，報紙體例之美備，材料之豐富，無不踵事增華，各超其極。就客觀論之，則社會人民之需要報紙，未可一日或缺。推其進步之神速，厥有數因：科學發明，機械印刷之術，日益改良，此其一也。世界交通便利，社會事業發達，新聞材料，日益增多，此其二也。教育普及，人民識字者多，新聞紙銷行益廣，此其三也。舍此以外，則電報之發明，關係於新聞事業者尤大；蓋自有此通信之利器，而後新聞紙之效用，乃益發展矣。

在今日歐美社會中，新聞紙效用之廣大，幾如布帛菽粟，爲人類生活上必需之物。社會各級人民，無論貧富貴賤，無不以閱讀新聞紙，爲每日必要之行事，未可一日或缺。識者推爲教育普及之效果，殆其然乎。我國近年新聞事業，漸次發達，報紙銷路，雖漸擴充，而購閱報紙者，大多藉此爲消遣之品，初非有何種之關切。報紙之效用，與游戲器具略等，非社會必需之品。此非教育上之問題，實報紙自身能適應社會要求與否之問題也。歐美各國則不然，其社會之生活，與新聞紙有密切之關係。就其上者論之，政治家假之以發抒政見，律師假之以買賣產業，商業家假之以考查市情，幷以刋布廣告。就其下者論之，優伶假之以廣招座客，勞動苦力假之以找尋職業，居家者假之以購廉價之服用器物。人民之需用新聞紙，旣如是其須臾不可離；故新聞紙之職務，非常繁重，非僅記事翔實，立言公允，卽已盡新聞紙之能事；質言之，近世新聞紙之職務，在能滿足社會各方面之需要是也。至新聞紙之本質，雖甚複雜，然就通常論之，可分爲三種：一爲各種新聞搜集及分送之機關也；二爲公衆意志之代表物也；三爲工商實業家相互間之媒介也。有是三者，新聞紙職務之重可知矣。

就近世新聞紙之組織論之，則誠足令人歎賞不止者也。凡世界各大城邑，無不有歐美新聞記者之足跡；凡各地時事，大之如政治外交之祕密，小之如市井里巷之瑣聞，無或能逃新聞記者之耳目。至新聞之印刷發行，尤有令人驚歎不已者。英美各大報紙，每日發行十頁或十二頁，合計十五六萬言；若聯接一日間所印行之報紙，長可五六十英里；鋪而平之，廣可三四十英畝；日必更新，終歲不息；無論何種大資本之實業，其規模之廣大，未有若此者矣。若述其內部之組織，固大足廣吾人之見聞。請首述新聞之蒐集，以次及發行營業之方法焉。

二　新聞之蒐集及編輯法

新聞紙之爲用，譬猶輪舟也；輪舟之用，在裝運甲地之貨品，以達乙地；新聞紙則在蒐集甲方面之新聞，以報告於乙方面。故新聞紙之作用，一面須蒐集各方之新聞，一面卽以此項新聞，散布於社會間。而蒐集新聞，尤爲新聞紙重要之職務。所謂新聞者，約可分爲三種：一曰本地新聞，二曰地方新聞，三曰國際新聞。三者之材料及蒐集法，各不相同，可分述之如下：

歐美各國新聞事業發達，幾造極頂，雖人口稀少之城邑，無不有新聞紙之發行；故新聞紙之銷路，往往限於本地，（歐美各大報紙，如英國泰晤士報美國太陽報等，有國際價值者，不在此例。）甲地之報，少有銷至乙地者。閱報者之心理，多注意於本地之事項，新聞紙既以補足社會需要為宗旨，故本地新聞，遂占歐美報紙中之最要地位。通常報紙能否為社會所歡迎，全恃其本地新聞之翔實與否；以是本地新聞之蒐集方法，尤較他種新聞為複雜。歐美各大新聞紙，於是項新聞，競爭甚烈。茲略述其蒐集法如下：

凡繁盛都市中，產出新聞之地點，約有四五十處；如市政廳，各級審檢廳，警察署，救火局，公共病院，火車站，監獄署，驗尸所等，皆為新聞訪員足跡所叢集之地。此種訪員，終日出入公共場所，專以刺探消息為務。至於撰擬訪稿，則非其所事，其名曰探訪人（Watcher）。探訪人者，譬猶新聞紙之耳目，為消息最先達到之機關；歐美大都市中，新聞探訪人，星羅棋布，雖細小之事，無或能逃探訪人之覺察，亦猶人之耳目，所聞之聲，所見之光，無有一刻之漏失。探訪人既已探得新聞，即由電話報告於報館；報館中接到此項電話後，即有一種屬稿人（Rewriter）筆之於書，引申其辭，使成文言。更合各探訪人之報告，而彙輯之，乃始略具新聞之形式。最後則由選稿人（Copy-reader）彙集此項新聞稿，加以嚴格之審查；其事涉虛妄者，則節去之，文太冗長者，則删削之，詞致有未平順者，則校正之，然後加以標題，而付刊焉。故一新聞之刊布，必經探訪人之偵查，屬稿人之記錄，選稿人之改削，而選稿人，尤負有完全之言責，不能不愼重審查，其手續之繁重，可想而知。然歐美報紙，雖當出版前一二小時所發生之事，出版時亦能詳細揭載，則其機關運用之敏活，爲何如乎！

歐美各大報紙，於國內各地方及國外，雖多有特別訪員駐在其地，然其職務，殊不若本地新聞訪員之重要。自近世公共通訊社（詳後）創設以後，地方新聞及國外新聞，可取資於通訊社，其蒐集新聞，較派遣訪員爲便；以是地方及國際訪員之職務，遂無甚重要。現在歐美各大新聞紙，在各地派遣訪員最多者，當推英國泰晤士報；餘如英國之晨報及每日電報等，在繁盛都會，尚設有特派訪員；其餘各報，則於各地訪員，多未嘗注意也。

新聞記者得隨時謁見重要人物，以探取新聞，此爲近代新創行之方法；其裨益於新聞紙者，固非淺鮮；蓋訪員之報告，消息之電傳，容有不情不實之處，未能深信不疑；苟投謁其人，則可面質其事之眞相。此種謁見之法，實爲新聞記者最難之職務；蓋當謁見之時，所謁之人，或祕不吐實，或語甚簡單，或辭涉空泛，令聽者無從捉摸；當此之時，新聞記者，必具有敏妙之辨才，以探得其眞情；且當謁見之前，必預定謁見之目的，何者爲必須面質之事；如事前未經預備，冒昧進謁，則未有能得要領者也。

新聞紙之要義，在迎合讀者之心理；何項材料，當爲讀者所歡迎，此最須斟酌者也。倫敦各大報紙之編輯人，於選擇稿件之際，立有一定之法則，卽凡稿件之內容，與大多數閱報者無關係，或有三分之二以上之閱者，不喜閱此項記載時，則決然棄去之；故其報紙之內容，大率皆新穎詳贍，與社會生活有關係之作；蓋非此則不足以維持其銷路也。新聞紙之材料，既須因讀者之好尚而異，故政治上法律上重大事務，往往爲報紙所不注意，而里巷市井間竊盜詐欺及爭鬭殺傷之事，則最爲報紙之所詳載；蓋此等事件，與普通閱者之身家，最相關切，而亦最有趣味故也。此在美國尤然，美國報紙，凡城市所發生之事件，雖極瑣細，亦必張皇其詞，以動閱者之聽聞。每有人命事件發生，必連篇累牘，詳述靡遺；若政治上之重大事務，則寥寥數行而已。其他新聞，最足引起閱者之注意者，則惟戰事。歐美各報，當戰時必有戰地特派員之派遣，其記載自較他項新聞爲重要。當開戰之際，普通人民，無不注意於報紙，報紙銷路驟增，迨積日既久，則亦淡焉忘之矣。又新聞紙之事業，實含一種投機之性質，故於新聞之記載，競爭非常激烈。憶曩年英國牛津大學與劍橋大學，時有競渡之舉，每次競渡，觀者雲集，極一時之盛，兩方勝負揭曉後，各報爭行印刷，以先覩爲快。時有某報者，因銷路停滯，乃發奇想，於競渡未畢以前，預先印刷同樣之報兩種，其一種報告劍橋大學得占優勝，他種則報告牛津大學得占優勝，迨競渡方畢，該報立時出版，揭載某方面之優勝，閱者無不驚其印刷之神速，而不知此項報紙，實事前之所印刷者也。

三　新聞通信社之組織

歐美新聞事業，既臻發達，各大報館，謀新聞蒐集之便利，及營業上之利益起見，乃聯合各報，共同蒐集新聞，卽所謂公共新聞社是也。公共新聞社，於各地均設有特派訪員，以消息傳達各處，而分送於各報館。論其作用，譬猶大資本之商行，在各地購辦大宗新聞，而分售之於報館。此法於報館方面，可以減少訪員，節省費用，其便利頗非淺鮮。現在世界最大之公共新聞社，當推美國之聯合報社（Association Press），及英國之報紙公會（Press Association）。美國之聯合報社，創於一八五〇年。彼時大西洋電綫，尚未通達，美洲各報，傳遞歐洲消息，全賴船舶之力；各報館又互相競爭；其結果則新聞通信所費甚鉅，於營業大受影響；於是紐約各報紙，鑒於互相競爭之爲害，乃共聯結，組織聯合報社；由該社派訪員赴歐洲，報告新聞，更由該社將所得新聞，分送於各報紙；報社支出之費用，則由各報紙分攤之；自此各報對於新聞之競爭，爲之減退，經費之節省，實不爲少。初創時入社者，猶僅紐約數家；後則各地報紙，相繼加入；今日美國報紙，入聯合報社者，凡七百家，洵世界最大之報紙聯合團體也。美國聯合報社之職務，計有三種：一爲新聞之蒐集，如派遣各地訪員，電傳消息等是。二爲新聞之交換，凡入社各報，所得新聞，均須送至該社，由該社以極廉之價，售諸他家，以收交換之利益。三爲新聞之貿易，凡路透社所得消息，皆由該報社收買，以轉付入社之報紙云。惟該報社範圍雖大，然係一部分報紙之組合，而非公有之機關；如有報紙欲加入該社，須得同社各報之許可，否則不能入社；如紐約太陽報，因爲紐約世界報所擠，不得入聯合報社，不得已乃自行組織新聞社（名 Laffan's Service），以相抵抗，此其例也。又英國之報紙公會，創於一八六五年，爲內地各報館之聯合組織。當初創時，該會性質與今日不同；彼時英國電報，尙未收歸國有，國內有最大之電報公司三家，凡內地新聞電報，非經此三家，無由傳達；於是私家電報公司，得以壟斷各地之新聞事業，各報紙受困頗甚，乃始聯合內地報紙，自行組織電報公司，專以傳達各報之新聞，使勿受私家電報公司之拘縛；其後漸次擴充事業，力圖各報紙通信之便利；一八六八年時，英國電報，已收歸國有，於是各報紙聯合創設之電報公司，遂改組爲電報通信社，即所謂報紙公會是也。報紙公會，在英國報界中所占之勢力，殆與聯合報社之在美國相同；惟美國聯合報社，入社限制極嚴；英國則不然，三島中各地新聞紙，舍在倫敦發行者外，無論新舊，皆得隨時加入報紙公會，無所限制。此則英國報紙公會之特色也。

路透電社爲世界最著名之通信社，其名聲之遠播，幾於婦孺皆知。該社初創時，實爲範圍狹小之電報公司；其後漸次擴張，始有今日之盛。當一八四九年時，德人路透男爵(Baron Paul Julius de Reuter)首創路透電報社，以電傳國際新聞爲宗旨。初創時，其地點僅限於普魯士之哀克賴削皐爾(Aix-la-Chapelle)與柏林間；至一八五一年，始在倫敦設立總局；又至一八六五年，成爲英德法美四國間之國際電報社；一八七五年，改組有限電報公司。其後事業日漸擴張，派遣訪員於世界各地，發售新聞於各國報紙，雖偏僻之城邑，亦無不有路透社之訪員，私家組織之營業，遂一變而爲半官性質之國際大通信社矣。今日路透社之機關，徧布於全世界，如張蛛網，幾成爲人類共同之耳目，其裨益於新聞事業者，不勝殫述。而此次大戰爭中歐洲消息不靈，關於戰事之報告，多賴有路透社之傳遞，始爲世人所聞知，此尤其成績之顯著者也。

舍聯合報社，報紙公會，路透通信社三家以外，其他公共組織之通信社，不可勝計；就其大者述之，則美國之中央新聞社 (Central News) 及紐約太陽報所組織之拉芬新聞社等，皆爲聯合報社之勁敵；又與英國報紙公會競爭營業者，則有交換電報公司 (Exchange Telegraph Company)，及倫敦新聞社 (London News Agency) 諸家。倫敦新聞社，初爲三四落拓文人所組織，漸次擴大，在今日英國亦卓有勢力者也。

上述之各通信社，其職務在蒐集及分發各種政治外交社會上之重大新聞。舍此以外，尙有多種之專門通信社；例如專事蒐集國內外各地之市情商況者，則有商業電報社；專事蒐集各地勞動消息者，則有勞動通信社；專事蒐集游戲競賽等新聞者，則有游戲新聞社。此種專門之通信社，不勝枚舉。而代各報紙雜誌蒐集照片之機關，所在尤多。此種機關，派有專人赴各地攝取時事影片，分售於各報紙。歐美報紙雜誌中之圖畫，嘗占重要地位；今日所發生之事變，明晨出版之報紙，皆載有鮮明之影片；其所以有此良效者，以此種公共機關組織之靈敏故也。

歐美新聞通信社組織之完備，誠足令人嘆賞不止。大之如路透社之組織，已如前述；小之雖如報紙末尾之小說游戲文，亦有公共編輯社，撰就此項文字，以出售於報紙。又如英國內地，有數家新聞社，逐日編輯政治外交及其他重大事務，印刷多份，分售於內地各報館；其編輯之完美，雖行數字數，亦照報紙格式，預先排定，不必、更動；內地各新聞紙，其注重之點，本不在於政治外交諸大事，故但購此種編就之新聞，照樣印刷，可不必稍費改纂之勞，其便利爲何如乎。總之，新聞事業，當發達之初，各新聞紙多互相競爭，而不聯合；迨既發達之後，始知同業聯結之足以節財省力；此今日歐美新聞事業，所以日有聯合進行之趨勢也。

四　新聞紙之營業

新聞紙之營業，須視其銷路之廣狹，與廣告之多寡而定之。就銷路論之，歐美新聞紙，可分爲二種：一種爲普通新聞紙，其銷路爲普通人民，故其記述務取通俗，材料務求淺近，其目的全在引起大衆之興趣。一種爲專門新聞紙，如政黨機關報，及趨重於學術工商實業或特種主張之新聞紙皆是。此種新聞紙，雖不能普及於大衆，然於一部分人民，關係較爲密切，故無不樂購之。例如德國有星期報名，Zeitschrift des Ingenieuren Vereines，爲一種機械學報紙；其中記述，皆屬於機械學上之專門報告等，僅少數精於機械學者，始得了解其意；然其銷數，竟達二萬餘分；其故由於德國機械學發達，國中各機械學會，機械專家，及曾在德國學習機械之外人，無不樂於購讀，其銷路遂能無遠勿屆也。至於普通新聞紙之銷路，與其出版之遲速，大有關係。歐美各晨報，通常於日出時發行；其分銷外埠之報紙，則多於夜半寄出，雇用專車遞送。又如倫敦每日新聞及郵報等大報紙，多於各埠設有分館，另行印刷；其所列重要新聞，與在倫敦出版者相同；而載發行地之地方新聞，則較爲詳細；此種辦法，於報館所費甚鉅，然爲推廣營業起見，固不能不如是也。

近世歐美生活程度增高，物價騰貴，惟新聞紙售價獨較低廉。當一六三一年，法國出版之巴黎報(Gazette de Paris)，每份售價六生丁，(約華銀二分半)在當時視爲最廉之報紙。此種報紙，僅一小張，材料與現在報紙，相差甚遠。迨後印刷術機械學日漸發達，紙價低廉，報紙材料，日益擴充，消息日益靈通，而售價亦日益廉賤。當十七世紀末年，英國報紙有僅售半辨士許者。其後電報術發明，新聞事業之進步，有一日千里之勢。當十九世紀工商業發達，物價驟漲，而新聞紙則未受其影響；且今日新聞紙內容之豐富，較諸數百年前，有天壤之別，而售價則未有大殊。自一八五五年以後，英國報紙，除泰晤士報外，通常售價為一辨士；此項代價，抵銷紙張印工，亦已不敷；而各報館獨能支持不斃者，則以報紙之代價，直接取諸閱者，為數雖少，而間接所取，則固有數倍於此者。間接取諸閱者，用何法乎？曰：惟廣告是已。

廣告費為新聞紙之大宗收入。商家雖刊廣告於報紙，以介紹於閱者，而此項廣告費，必仍取償於顧客；故與間接取諸閱者，實未有異。統計家言，歐美各文明國人民，每年所納廣告費共計約六萬萬鎊；而此項廣告費，為報館及雜誌社所收入者，當占其半數；其數不可謂不鉅矣。英倫三島所有新聞雜誌，每年收入廣告費，約四五千萬鎊；中歐諸國合計，約與此數相等；而北美則四倍之；此項鉅款，皆閱報者所分認，而由商家間接納諸報館者也。

舍上述各端以外，因近世印刷機械發達之結果，新聞紙發刊付印之種種方法，更有匪夷所思者。歐美報紙，皆用最新式之鉛模，每日須重排單獨之鉛字百萬枚，此一奇也。銷數最多之報紙，每晨印刷之紙，長達五六十哩，此二奇也，報紙自編輯發排付印以至發行，僅僅七八小時，以數十人之力合成之，此三奇也。此種奇蹟，實皆科學發明之效果。至新式印刷之方法，爲機械學上之問題；恐閱者以繁瑣爲病，故略去之。

下篇　歐美各國之新聞事業

一　歐美新聞紙之統計

歐洲新聞紙之發刊，濫觴於羅馬紀元前六百九十一年，羅馬人首刊一種報紙，名曰 Acla Diurna（每日紀事）專紀戰爭行獵水火以及宗教典禮等事，略與我國古代之邸抄京報相似。至近世最初發行之新聞紙，爲意國委尼斯地方之卡塞泰報(Gazetta),創刊於一五三六年。卡塞泰者,一種小貨幣之名稱,蓋其報售價為一卡塞泰也。嗣後歐洲印刷術日益改良,新聞事業亦日益發達;至於現代,新聞紙之範圍日益擴大,成為文明之利器;與古代簡單之報紙,迥不相同矣。

據大勃列顛百科全書所載,一千九百年時,全世界發行新聞,共三萬一千零二十六種。歐美諸國發行種數,列表如下:

國名	新聞紙種數	國名	新聞紙種數
英國	二·九〇二	德國	三·二七八
法國	二·四〇〇	奧匈國	五六四
俄國	二八〇	意國	二五一
瑞士	六〇〇	比利士	二九〇
荷蘭	三一二	瑞典	二一三
丹麥	一四五	挪威	一三二

盧森堡	一二	西班牙	三三八
葡萄牙	七九	希臘	四七
羅馬尼亞	四七	塞爾維亞	二四
保加利亞	一五	門的內哥羅	二
土耳其	二二	美國	一五·九〇四
加拿大	七四二	中西印度	一二九
南美共和國	三四〇		

上列諸國中，美國新聞事業，最爲發達，其所發行新聞紙，占全世界之半；德英法三國次之，所發行新聞紙，各達二三千種；其餘諸國，未有及千種者。舍歐美以外，印度發行新聞紙最多，計六百種；日本有一百五十種，我國四十種；其他非洲澳洲各殖民地發行新聞紙，尚有多種，則皆歐美僑民之所組織者也。今就現代歐美各國之新聞事業狀況，分述如下。

二　英國之新聞事業

倫敦爲英國新聞界之中心，抑亦世界新聞界之中心也。凡國際事件，及各國國內發生之事故，一經倫敦報紙揭載，即足引起普世之注意；其中能執世界新聞界之牛耳者，尤以泰晤士報爲最。

泰晤士報，發刊於一七八五年，爲英國商人華爾德氏所手創。初名宇宙日刊(Daily Universal Register)，發行三年後，改名泰晤士。時英國王黨比脫 (Pitt) 擅權，厲行專制政治，泰晤士報竭力攻擊，詆斥政府，以是頗獲中等社會之歡心；而華爾德則以是爲當道所忌，被禁錮罰金凡數次。當時英國新聞紙所紀國外新聞，均由政府分送刊布，惟泰晤士報獨自設機關，直接寄遞，故所得消息較速。後至一八〇三年，華爾德退職，其子約翰華爾德繼任報務。彼時今日所稱世界第一大報，其銷路僅千份而已。華爾德後卒於一八一二年，其子約翰亦富有才幹，泰晤士報之經營締造，得有今日之盛，賴約翰之力爲多焉。約翰既任報務，力以擴張營業爲務，印刷編輯，悉行改良，至一八一四年，首用汽機印刷，每小時能印千二百份，（時各國用汽機印刷者僅泰晤士報一家而已）又於各地增設訪員。滑鐵盧戰役，泰晤士報遣洛賓生（Henry Crabb Robinson）爲戰地訪員，新聞紙派遣戰地訪員，實始於此。於是泰晤士報銷路驟增，一八三四年，達一萬份；一八四七年，達四萬份；至克里米亞戰爭時，已達五萬一千份。當一八五二年，惠靈吞將軍逝世，泰晤士報於十一月十九日，揭載惠靈吞傳一篇，是日竟售至七萬份，尤爲從來所未有。彼時英政府取締報紙甚嚴，初時每報紙一份，須黏印花四辨士，後減爲一辨士，其摧殘言論之苛酷，可稱奇聞。（後此律於一八五五年廢止）。英國各報紙受此一大打擊，銷路驟減，而泰晤士報，獨能蒸蒸日上，寖成英國第一大新聞紙。執筆政者，皆當代名人，新聞訪員，徧於環球。自十九世紀末期，英國殖民勢力，廣溥五洲，無遠勿屆，泰晤士報亦隨英國之力而伸張，其言論爲全球人民所注目。今日而推全世界新聞紙之巨擘，當無不曰泰晤士報也。若推其成功之由，則百數十年來經營其事者，其勤勞皆不可沒。而開創泰晤士報之華爾德氏，當貴族專制時代，能秉其直筆，不避斧鉞，代表中等階級之輿論；其所建功業，尤非尋常可比；蓋華爾德之言論，皆據情合理，痛陳當道之失政，而措辭與一般暴烈分子，專以攻訐爲事者，又有不同；以是大爲政府所畏憚。今日泰晤士報對英國政府，處於完全監督地位，其勢力足以左右秉政之大老；其所以有此權威，皆當年華爾德氏，以熱血毅力抗爭而得，絕非出於偶然者也。

舍泰晤士報以外，倫敦晨報中，最有勢力者，爲每日電報（Daily Telegraph），斯旦達特（Standard），晨報（Morning Post）之數種。斯旦達特與晨報，皆爲保守黨機關報；而晨報在歷史上，尤爲泰晤士報之勁敵。餘如每日郵報（Daily Mail），每日新聞（Daily News），每日紀錄（Daily Chronicle）等，皆爲半辨士報。每日郵報銷行尤廣，每日售出約百萬份。每日新聞，則係完全自由黨機關報，爲著名小說家卻爾斯狄根司氏（Charles Dickens）所手創者也。

現在倫敦各晚報中，最初發行者，爲地球報（Globe），創刊於一八〇三年。惟倫敦人民，閱讀晨報已成習慣，故晚報銷行未廣。至近年晚間新聞（Evening News）與星報（Star）二種晚報，頗獲成功，銷行不少。其他著名之晨報晚報，尙有多種，不獲備載。又倫敦有圖畫日報三種。圖畫週報，則爲數甚衆，銷行亦廣。

倫敦以外，英國新聞紙，以蘇格蘭人（Scotsman）爲最著；在蘇格蘭地方，極占勢力，銷行約六七十萬份。此外如曼嘉斯德監守者（Manchester Guardian）伯明罕日報（Birmingham Daily Post）等，皆甚著名。又利物浦日報（Liverpool Daily Post），爲英國辦士報之最早者，現爲自由黨機關報。其他工黨機關報，在英國尤多；英國工黨素稱發達，故銷行之數，亦頗不少。又有名每日鏡（Daily Mirror）者，爲英國最先發行之婦女新聞紙，創刊於一九〇三年；其材料多注意於婦女方面云。

三　法國之新聞事業

法國新聞事業，爲歐洲各國之先驅。當一六三一年時，已有法蘭西報（Gazette de France）發刊於巴黎，法王路易十三，加以保護，且製文投稿焉。後至一七八九年，法國議會政治初次萌芽，曾發刊議政報（Journal des Débats），評論政事，頗有價值。一八一五年，拿坡崙在位，推翻議會政治，該報乃改名帝國報（Journal de L'Empire）。後經革命之後，言論自由，報紙發行甚衆，爲歐洲新聞界開先河焉。

今日歐洲各大都會，舍柏林外，發行新聞紙，當推巴黎爲最多。巴黎新聞事業，雖甚發達，然各報紙多貧困不能自立，須仰局外之贍給；其結果則皆成爲私人或政黨之機關報；其中立不倚卓有價值之報紙，則不數覯焉。所尤奇者，法國所最風行而具有勢力之報紙，乃非晨報而爲兩種晚報：一爲時報（Temps），一爲議政報。此二種晚報，銷路最廣，皆係共和黨穩健派之報紙。至晨報中，屬於共和黨者，凡五種，以費加羅（Figaro）爲最著名。又屬於急進社會黨之報紙，凡四種；屬於保守黨之報紙凡三種。晨報除費加羅外，通常價目，爲五生丁，（約華銀二分）僅得英國辨士報售價之半。巴黎以外，法國各地新聞紙，則範圍較小，無足道矣。

四　德國之新聞事業

德京柏林發行新聞紙之多，足爲歐洲諸國之冠。無論何種政黨團體，在柏林皆有機關報數種；其中銷行最廣者，曰柏林日報（Berliner Tageblatt），爲溫和自由黨機關報；曰洛格奧齊佳（Lokal Auzeiger），爲一種商業報，廣告最富；其他尙有保守黨自由黨社會黨機關報數種，銷行皆廣；摩勒報（Morgen Post），則爲民主黨機關報，定價最廉，故銷路亦大。柏林報紙，通常用兩種字體印刷；高尙之小說文苑，多用德文本體字；而廣告及商業新聞，則用羅馬字體；習慣相沿若此，不知其何故也。德國新聞用紙，較爲狹小，刊載新聞，評論以外，已無餘幅。其他關於文字科學等紀載，則增刊附張數紙；每一附張，專紀一種事件，自成起訖。星期日增刊尤多，所記累累，皆名人學士之作，非剪裁剿襲者可比。購得一份，可作百科小叢書讀。若美國新聞紙，星期日增刊，動輒五六十大張；新聞插畫，淋漓滿紙；而求其有價值之著作，則不可多得；若以德國較之，則適得其反也。

柏林以外，德國各聯邦中所發行新聞紙，亦有數種，風行頗廣。如佛蘭福德新聞 (Frankforter Zeitung)，古尼斯克新聞 (Kölnische Zeitung) 等，多有行銷國外者。

五　意奧俄諸國之新聞事業

意國新聞紙，多窮困不支，其能獨立者甚少；其最大之新聞，爲米蘭所發行之日 Secolo 與 La Corriere della Sera 二種；在意國皆占勢力。羅馬發行新聞紙，雖有多種，其能力皆不逮上述二種焉。

奧國新聞紙中，有名 Nene Freie Presse 者，在歐洲頗占重要位置；蓋其紀載，於外交上及猶太人經濟地位，極有關係故也。其餘則在維也納尚有大新聞紙多種。又在匈加利，最大之日報，爲 Pesther Lloyd。

俄人思想最爲發達，惟昔時專制君主，多以箝制言論爲事，故新聞事業進步較緩。革命後新聞界變動不少，尙未能悉其詳也。

餘如瑞士，西班牙，葡萄牙，巴爾幹，及其餘歐洲諸國之新聞事業，多係後進；而瑞士較爲發達；其餘諸國，亦各有數種著名之新聞紙，恐嫌辭費，茲不備述。

六 美國之新聞事業

美人嘗自誇爲世界最自由之人民，故其言論機關之發達，亦凌駕各國之上。美國出版新聞紙甚多，故其排擠競爭亦較烈。各報紙爲營業競爭之故，多不惜支出巨款，以求新聞之改良進步，故其新聞紙，非有大資本，必不能支持至久也。今日紐約新聞紙之大者，在共和黨方面，則為希拉爾德（Herald），在民主黨方面，則為世界報（World）；其他如紐約亞美利加（New York American），脫里本（Tribune），泰晤士（Times），太陽報（Sun），均為大新聞紙；而太陽報，尤為卓著聲望之報紙。至各晚報中，則以紐約晚報（New York Evening Post）為最著。

舍紐約之外，美國各地報紙林立；其著名之報紙，多至不勝枚舉；如波士頓，如華盛頓，如支加哥，如加利福尼，皆為新聞事業最發達之地。大概美國報紙，謀迎合其好大喜功之國民，故無不備極敷張揚厲之能事。印刷編輯發行各種組織之完備，皆超出各國新聞紙之上；至若週報，畫報，婦人報，及其他專門報，其發行之多，尤非他國之所能及。僅就其機械業專門報紙論之，美國所出版之鐵時代（Iron Age），歷時甚久，其行銷遍於世界各國。又有一種星期報名亞美利加機械家（American Machinist）在紐約倫敦柏林設報館三處，三地同時出版；其規模之閎大可知矣。

图书在版编目（CIP）数据

新闻事业 / 徐宝璜，胡愈之著. —北京：中国传媒大学出版社，2018.3
（中国近代新闻学名著系列丛书 / 芮必峰主编）
ISBN 978-7-5657-2263-9

Ⅰ. ①新…　Ⅱ. ①徐…　②胡…　Ⅲ. ①新闻事业—概况—西方国家　Ⅳ. ① G219.5

中国版本图书馆 CIP 数据核字（2018）第 042587 号

中国近代新闻学名著系列丛书
芮必峰　主编
新闻事业
XINWEN SHIYE

著　　者　徐宝璜　胡愈之
策划编辑　司马兰　姜颖昳
责任编辑　姜颖昳
封面设计　拓美设计
责任印制　阳金洲

出版发行　中国传媒大学出版社
社　　址　北京市朝阳区定福庄东街 1 号　　邮编：100024
电　　话　86-10-65450532 或 65450528　　传真：010-65779405
网　　址　http://www.cucp.com.cn
经　　销　全国新华书店

印　　刷　北京华联印刷有限公司
开　　本　787mm × 1092mm　1/16
印　　张　7.25
字　　数　80 千字
版　　次　2018 年 6 月第 1 版　　2018 年 6 月第 1 次印刷

书　　号　ISBN 978-7-5657-2263-9/G · 2263　　定　价　35.00 元